혼자 설 수 없다면

혼자 설 수 없다면

장애우 내딸 성은이와 함께한 전충우돌 일본선교 이야기

한혜숙 지음

강같은평화

●●● 추천사

일본 선교에서 울고 웃던 이야기

조용기 | 여의도순복음교회 원로 목사

　내가 아끼고 사랑하는 제자인 예수가족교회 신성남 담임 목사의 아내 한혜숙 사모가 『혼자 설 수 없다면』을 발간하게 된 것을 진심으로 축하합니다.
　한혜숙 사모는 목회자의 사모로서뿐만 아니라 지역사회의 소외된 이웃들을 위해 음악치료사로 활동하고 있으며, 일본어 강사로도 최선을 다해 이웃을 섬기고 있는 것으로 잘 알고 있습니다.
　이번에 발간되는 『혼자 설 수 없다면』은 한혜숙 사모가 일본 오사카와 도쿄에서 남편 신성남 목사를 도와 선교사역을 하면서 울고 웃던 이야기와 장애를 가진 딸 성은이를 키우면서 깨달은 하나님의 크신 사랑, 그리고 이웃과 함께 나눈 따뜻한 사랑 이야기들이 재미있고 감동적으로 엮여 있습니다.
　이 책을 읽는 모든 분들이 하나님의 크신 은혜를 깨닫고 장애우에 대해 올바른 인식을 가지며, 삶에 신선한 도전을 하리라 믿어 이 책을 기쁨으로 추천합니다.

추천사 ●●●

내 마음에 빛을 스미게 하는 경험

이강숙 | 한국예술종합학교 석좌 교수

나는 참되고 옳은 길을 걷고 싶다. 또한 선하고 착한 길을 걷고 싶다. 욕심은 인간에게 좋지 않은 것이라고들 하는데 나에게는 욕심이 너무 많다.

욕심을 버리려고 안간힘을 써도 그게 잘 안 된다. 참되고 옳은 길과 선하고 착한 길만이 아니라 아름다운 길도 걷고 싶으니 말이다. 내 마음이 언제나 그런 길을 걷고 싶은 상태에 놓였으면 하는 것이 소원이기도 하다. 욕심을 버리게 해달라고 기도해도 소용이 없다.

나는 그동안 내 소원을 이루기 위해서 노력했고, 지금도 노력하고 있다. 끈질긴 노력의 결과, 하나의 믿음을 재확인했다. 좋은 음악을 들으면 소원이 이루어질 수 있다는 믿음의 재확인이다.

나는 좋은 음악을 듣는다. 옛날에 들었던 음악을 새로운 마음으로 듣는다. 음악을 통해 옳음, 선함, 아름다움과 새롭게 만나는 신기한 경험을 하게 된다. 알지도 못하는 거리를 헤매던 어두움의 길에 환한 빛이 스민다. 감사한 마음을 안는다.

'좋은 음악' 말고도 내게 감사의 마음을 안겨주는 것이 또 하나 있다. 그것은 이유를 정확히 설명할 수 없는, 신기한 힘이다. 바로, 내 마음에 빛을 스미게 하는 경험이다. 그 불가사의한 경험은 좋은 글에서 샘솟는다. 음악이 건드리는 부위와는 다르지만, 좋은 글을 읽으면 내 마음 한 구석에 신비의 빛이 스

●●● 추천사

민다. 나의 소원인 옳은 길, 선하고 착한 길, 그리고 아름다운 길을 환하게 비춰준다.

합창단 '음악이 있는 마을'의 총무인 저자의 글 49편을 만나고 나는 놀랐다. 하늘에 별이 많다. 해변에 모래가 많다. 인간의 마음에 생각이 많다. 저자의 글은 인간의 마음에 있는 여러 가지 생각을 곱게 그렸다. 그의 일상을 낳는 노래 부르는 마음과 글 쓰는 마음이 착하고 선하고 아름답다.

책 한 권을 낸다는 것이 쉬운 일이 아니라는 것을 안다. '피스메이커'라 불리는 사모로서의 일상이 눈코 뜰 새 없이 바쁘다는 사실도 아는 사람은 다 안다. 그런 와중에 글 쓸 틈은 어디에서 생기는지 놀랍기만 하다. 마음껏 박수를 보내고 싶다. 다음 책을 기대하면서 이번 출간을 진심으로 축하하는 바다.

추천사 ●●●

삶의 문제와 씨름할 때, 긍정의 힘

백은희 | 공주대학교 사범대학 특수교육과 교수

    이 책은 어느 따스한 가을날 이사 온 옆집 아줌마가 떡 한 접시 들고 초인종을 누르듯이 우리에게 다가온다. 목사의 아내이자 장애 자녀를 둔 엄마인 저자는 차마 그러하지 못할 것 같은 일까지 솔직하게 자신의 삶을 내어 보인다. 그리고 우리가 힘들 때 때때로 울면서 그리워할 수 있는 어머니 같은 하나님을 그려 보인다.

    지적 장애와 척추측만증을 가진 자녀를 키우는 이야기를 때로는 깔깔 웃으며, 때로는 소곤소곤 속삭이면서 이 모든 것이 하나님의 은혜라고 말한다. 어느새 그녀의 웃음은 우리 안 깊숙이 아픈 생채기에 눈물로 내려앉아 딱지가 생기게 하고 새살이 돋게 한다.

    무심코 한 장을 읽다가 이내 연구실에 꼼짝 않고 앉아 전부 읽어 내려가게 하는 힘이 어디에서 오는지 나는 모른다.

    때때로 우는 것보다 웃는 것이 더 어렵다고 한다. 『혼자 설 수 없다면』의 저자는 장애 자녀를 둔 부모뿐 아니라 바쁘고 힘든 시대를 살아가는 우리 모두가 그녀의 웃음에 감염되어, 삶의 문제와 씨름할 때에 긍정의 힘을 믿도록 할 것이다.

●●● 추천사

성은이는 숨은 천사, 축복의 통로

김용한 | 밀알학교 교감

먼저 저자인 한혜숙 사모님의 『혼자 설 수 없다면』의 출간을 진심으로 축하드립니다. 발달장애를 가진 성은이가 밀알학교에 다니게 된 것이 인연이 되어 이 책의 원고를 읽게 되었습니다. 읽으면서 정말 많은 은혜와 감동을 받았으며 읽는 내내 행복했습니다.

목사 사모의 역할을 오직 믿음으로 지혜롭게 잘 감당해온 것도 높이 평가하며, 특히 문화와 교육제도가 다른 일본에서 하나님의 은혜를 누리며 기쁨과 감사의 마음으로 꾸준히 성은이를 양육한 점은 장애 자녀를 둔 많은 부모들에게 큰 힘과 소망을 줄 것으로 확신합니다.

UN의 조사 보고서에 의하면 장애인 출현율은 10~12퍼센트라고 합니다. 그 중에서도 지능 발달이 늦고 정서 및 행동장애를 가진 발달장애인의 경우, 그동안 헌법에 보장된 교육의 권리조차 제대로 누리지 못하고 살아왔습니다.

밀알학교는 이러한 발달장애 자녀를 가진 부모들의 눈물의 기도로 남서울은혜교회 홍정길 담임 목사를 통해 1997년 3월에 세워졌습니다. 그래서 교직원들은 학생들에게 교육청에서 제시한 교과내용도 충실히 가르치지만, 이들의 영혼 구원과 부모들에게 주님의 사랑을 전하기 위해 노력해왔습니다. 그 결과 학생들이 행복한 학교, 부모들이 믿고 맡길 수 있는 학교, 지역사회와의 열린 학교로서 자리매김하고 있습니다.

성은이는 밀알학교 재학 시절, S라인 몸매를 자랑하면서 여러 교육활동에 적극적으로 참여했고 많은 웃음과 눈물로 감동을 선물해주었습니다. 특히, 학

추천사 ●●●

예회나 졸업식 등에서는 분위기에 도취되어 주체할 수 없는 기쁨의 감정을 울음으로 표현해 많은 사람들의 심금을 울리게 했답니다.

이렇게 성은이가 밝고 맑은 영혼을 갖게 된 것은 바로 저자인 어머니의 기도와 부모의 긍정적인 교육관과 열정 덕분이라 생각합니다. 사실 많은 부모들이 장애 자녀를 낳게 되면 모든 것을 자신의 죄로 여기고 자책하거나, 남을 원망하고 절망에 사로잡혀 비관적인 삶을 살아가기도 합니다.

이 책은 이러한 부모들에게 장애 자녀가 집안의 애물단지가 아니라 '축복의 통로'라는 사실과 함께 아무리 심한 장애 아동이라도 모두 '교육의 가능성'이 있음을 깨닫게 해줄 것입니다.

특히 저자는 바쁜 일정 속에서도 학교 행사나 교육활동에 남다른 관심과 협력을 아끼지 않으셨습니다. 더구나 대학원에서 뒤늦게 '음악치료'를 공부해 노인과 장애인의 치료적 재활을 위해 헌신하고 있으며, 합창단 '음악이 있는 마을'의 단원으로서 어려운 이웃들에게 노래로 사랑과 기쁨을 전하는 일을 통해 도전하는 삶의 아름다움을 잘 보여주고 있습니다.

아마 독자들은 한혜숙 사모가 전하는 '행복 바이러스'로 인해 읽는 내내 행복할 것이고, 어떠한 고난과 역경에도 하나님의 귀한 뜻이 있다는 믿음만 가지면 삶에 풍성함이 더하리라는 진리를 발견하게 될 것입니다.

"서로 남의 짐을 지라 그리하여 그리스도의 법을 이루라"_갈라디아서 6:2

●●● 차례

추천사
프롤로그

제1장 믿음

- 그해 겨울은 따뜻했네 —— 16
- 제발 그 촌스러운 목도리 좀 빼세요 —— 20
- 결혼 기도는 일찍 할수록 좋다 —— 24
- 찢어진 꽃은 아무도 안 사가요 —— 29
- 우리 집에는 왕자와 공주, 천사와 여우, 네 식구가 산다 —— 33
- 운동화를 사줄 수 있는 행복 —— 38
- 우리는 닭살 문자 커플 —— 43

제2장 소망

- 어머니, 어머니, 우리 어머니 —— 50
- 성은이 어머니는 얼굴에 웃 입고 다니세요? —— 55
- 막힌 하수구도 사용하시는 하나님 —— 63
- 뒤에 타고 있는 건 사람이 아닌 배추다 —— 68
- 자랑스런 꼴찌 —— 72
- 다마네기 상 —— 77
- 이상한 직업을 가진 사람이 많은 교회 —— 81
- 우리는 일본인도 한국인도 아닌 천국인 —— 85
- 성탄절이 없는 나라 —— 91
- 이 교회는 하나님이 친히 지으셨단다 —— 94
- 저 스크린 속에 신 목사 얼굴 좀 나오게 해주세요 —— 101
- 이상한 꿈 —— 105
- 성은이가 말을 하게 되었어요 —— 114
- 성은이도 이젠 어엿한 1학년 —— 120
- 일본에서의 1학년 첫 수업 참관일 —— 125
- 우린 한 번도 안 싸운 부부? —— 130
- 정들었던 오사카순복음교회 —— 135

차례 ●●●

제2장 사랑
- 도쿄로 가는 대신 숲을 주세요 —— 142
- 오사카와는 다른 도쿄 교회, 도쿄 학교 —— 147
- 성은이가 척추측만증이래요 —— 153
- 일본 선생님의 가정방문 —— 158
- 구몬 선생님 —— 163
- 일본인 엄마들과의 만남 —— 169
- 일본 도시락 —— 172
- 새벽에 일어나는 사람은 무서운 사람이다 —— 176
- '솔' 음이 안 나오는 피아노 —— 183
- 우리 엄마 —— 187
- 고마운 빠칭코 —— 191
- 까마귀와 비둘기 —— 198
- 언어를 배운다는 것 —— 202
- 가슴이 답답할 땐 하늘을 보렴 —— 207
- 여전히 나는 한국인 —— 211
- 너 사모 맞긴 맞구나 —— 215
- 유턴의 법칙 —— 219

제2장 그리고 사랑
- 그저 평범하게 태어나게 해주셔서 감사하다 —— 224
- 그날 이후, 별 일 없어도 화장은 하고 다닌다 —— 230
- 세상에서 가장 행복한 아이 —— 236
- 쟤, 일본 교육 혹독하게 받은 애, 맞아? —— 241
- 오늘도 나는 향수 한 방울을 뿌리고 외출하려고 한다 —— 247
- 아빠 눈 속에 내가 들어 있어요 —— 252
- 감정이 살아 있다는 것 —— 257
- 있을 때 잘해 —— 264

에필로그

●●● 프롤로그

일본 사람은 친절하다!

"일본 사람은 친절하다!"

누가 이렇게 말하면 눈을 흘기며 무슨 야만인 바라보듯 하던 때가 있었다. 그런데 일본 선교사로 파송받아 9년이 넘도록 일본에 살게 되면서 이제는 자연스럽게 이런 말을 하곤 한다.

"역시 일본 사람들은 누가 뭐래도 친절하고 정이 많아."

이런 말이 저절로 나올 수밖에 없는 이유는, 지난 9년의 삶에 일본인들에게 받은 잊지 못할 사랑과 감사가 구석구석 새겨져 있기 때문이다.

당시 삼십 대 초반인 신 목사와 아무것도 모르던 다섯 살 터울의 나는 일본 선교사로 파송되어, 연세 많은 어머님을 모시고 일본 땅에 발을 내디뎠다. 겨우 세 살에 장애를 가진 성은이, 첫돌이 지나지 않은 예은이를 쌍둥이 유모차에 태우고서였다. 그렇게 처음 일본 땅을 밟았을 때의 막막함이란 이루 말할 수 없었다.

하지만 처음 맞닥뜨렸던 일본 땅 오사카에서 일본인들에게 느꼈던 것은 우리 가족을 향한 따뜻함과 배려였다. 그 느낌이 있었기에 처음 다가왔던 막막함을 쉽게 극복할 수 있었다. 물론 모든 일본인이 다 그런 것은 아니겠지만, 우리 가까이에 있던 일본 사람들은 참으로 따뜻했고 진심으로 우리 가족을 사랑해주었으며, 늘 배려하고 보살펴주었다. 성은이와 함께 거리를 다니거나 대중교통을 이용할 때 호기심 어린 시선을 의식하지 않아도 되어 고마웠고, 보육원과 학교에서 장애인이나 외국인에 대한 편견을 느끼지 않게 해주어 감사했다. 그

프롤로그 •••

따뜻한 배려에 우리는 행복했다.

혼자 설 수 없었을 때 우리 가족과 함께 해주셨던 하나님의 은혜는 너무 크고 감사하다. 일본 선교를 하는 동안 소중한 분들과 함께한 시간들 또한 너무 귀하다.

두 딸 성은이와 예은이가 타국에서 자라는 동안 너무나 정확하고 세심하게 가야 할 길을 인도하신 하나님, 무엇보다 우리가 거쳐 간 오사카순복음교회, 도쿄순복음교회를 통해 역사하셨던 교회의 머리 되시며 살아 계신 하나님의 손길을 결코 잊을 수 없다. 나 혼자만 마음속 깊이 간직하고 있기에는 너무나 가슴 벅찬 기적들을 이제 전하고 싶어, 행여 퇴색되고 바래기 전에 이렇게 펜을 들게 되었다.

지금까지 나를 있게 하신 하나님과 늘 부족한 내 곁에서 내 편이 되어주고 힘이 되어준 사랑하는 신성남 목사, 아름답고 귀하게 자라준 성은이와 예은이에게 고마운 마음을 전한다. 특히, 지금은 하늘나라에 계시지만 일본에서 함께 어린 손녀들을 친히 돌봐주시며 우리의 목회 사역에 커다란 도움을 주셨던 사랑하는 나의 어머님 이영애 권사님, 늘 막내딸을 사랑과 기도로 후원하셨던 사랑하는 엄마 김자애 권사님과 사랑하는 언니 오빠들, 마지막으로 늘 우리 가족을 위해 끊임없는 사랑과 기도를 베풀어주시는 예수가족교회 성도님들께 진심으로 사랑과 감사의 마음을 전해드린다.

저자 한혜숙

제1장
믿음

1
그해 겨울은 따뜻했네

평생 함께할 내 짝은 도대체 누구일까? 이러한 고민을 안 해본 사람은 아마 없을 것이다. 부부의 인연이라는 것이 참으로 희한해서, 만났다가 헤어진 사람들이 몇 년 후 다시 만나 결혼하기도 하고, 서로 무덤덤한 친구처럼 생각한 사람들이 곧잘 결혼해서 잘 살기도 한다. 나는 누가 뭐래도 결혼은 '하나님의 섭리요, 역사'라고 늘 강조한다. 그래서인지 내게도 유난히 따뜻했던 겨울이 있었다.

남다르게 일찍 목사가 되는 바람에 '총각 목사'라는 딱지가 꽤 오래 붙어 다녔다는 신 목사, 그는 교회의 여성들에게 무척 인기 있는 목사였다고 한다. 하루는 조용기 목사님께서 신 목사를 직접 부르셔서 이렇게 당부하셨단다.

"신 목사, 빨리 결혼하세요. 목사가 결혼 안 하고 있으면 그것도 죄예요."

하긴, 교회학교 선생님으로 시작해 전도사를 거쳐 교회학교 담당 목사까지 되었으니, 그곳을 거쳐 간 여학생들, 여교사들, 심지어 여전도사님들에게 총각 목사인 신 목사는 늘 관심의 대상이었을 것이다. 아직도 그 시절 이야기만 나오면 신 목사는 침을 튀어가며 자랑을 늘어놓는다.

그런데 참으로 신기한 것이, 나는 신 목사와 10년 이상 같은 교회를 다녔지만 그렇게 유명했다는 신 목사를 단 한 번도 마주친 적이 없었다. 아마도 워낙 큰 교회인 데다가 서로 다른 부서에서 봉사했기 때문일 것이다. 만에 하나 결혼 전에 서로를 알았다면 부부가 되지 못했을지도 모른다. 그렇게 인기가 많았다는 신 목사의 시선이 내게 머물기는 쉽지 않았을 것이다.

나는 그다지 예쁜 편도 아니고, 아버지가 일찍 돌아가셨기에 학비 걱정에 화장은커녕 제때 미장원 출입을 할 형편이 못 되었다. 그저 대학을 졸업하자마자 취직해야 한다는 일념 아래 교회 봉사시간을 제외하고는 아침부터 저녁까지 도서실에서 붙박이처럼 지냈다. 그때의 내 모습을 떠올리면 잘 상상이 되지 않는다. 게다가 나와 신 목사는 다섯 살 터울이어서, 같은 부서에서 봉사했다고 해도 사제관계가 되기 십상이었다. 신 목사와의 만남이 뒤늦게 이루어진 것은 내게는 하나님의 섭리요, 은혜인 셈이었다.

그 무렵, 언니는 입버릇처럼 이렇게 말하곤 했다.

"혜숙아, 너는 꼭 내가 소개해주는 사람이랑 결혼해라, 응?"

그러면 나는 여지없이 이렇게 반박했다.

"내가 만날 사람은 내가 선택해야지, 왜 언니가 소개하는데?"

당시 교회 도서관 관장으로 있었던 언니는 신 목사를 콕 찍어놓았던 모양이었다.

"누구 사귀는 사람 있으세요? 손에 약혼반지를 끼고 다니시네요."

마침내 언니는 도서관에 자주 들르던 신 목사에게 아는 체를 하게 되었단다.

"사실 특별히 사귀는 사람은 없는데 연락하는 여성들이 많은 탓에 반지를 끼고 다닙니다. 관장님이 좋은 아가씨 알고 있으면 소개 좀 해주세요."

결국, 언니의 말이 씨가 되었다. 1984년 12월 29일, 언니의 성화로 드디어 나와 신 목사와의 첫 만남이 이루어졌다. 칼바람이 몰아치던 그 겨울, 여의도 어느 호텔 커피숍에서였다. 그 만남도 하나님의 예비하심이었을까. 대개 첫 만남에서는 우아하게 커피만 마시고는 이런 말로 마무리하지 않는가.

"그럼, 다음에 주선하신 분을 통해서 연락드리도록 하겠습니다."

"다음엔 언제 다시 만날 수 있을까요?"

이처럼 정중하고 예의바른 대화가 오가는 것이 보통일 것이다. 그런데 우리는 좀 특별했다. 여의도에서 커피를 마신 후 내가 즐겨 다니던 식당에 가서 저녁을 먹은 뒤, 탁구도 한 게임 쳤다. 이렇듯 우리는 첫날부터 대중교통으로 여기저기 다니면서 마치 알고 지내던 것처럼 많은 시간을 보냈다. 그 후 정식으로 교제가 시작되었다. 당시 우리 집이 여의도였고 신 목사의 사무실도 여의도였으니 데이트 장소는 대개 여의도일 수밖에 없었다.

살이 에이는 차가운 강바람이 몰아치는 날에도 우리는 서로에게 잘 보이려고 얇은 옷을 걸쳤고, 매서운 추위 속에서도 「사철에 봄바람 불어 잇고」 찬양을 부르며 여의도 광장을 거닐었다. 어쩌면 지나가는 사람들이 우리를 보고 의아해하며 웃었을지도 모를 일이다.

"쯧쯧! 둘 다 정상이 아니야. 이 추위에 무슨 사철에 봄바람이람?"

하지만 내게 그해 겨울은 참으로 따뜻했다. 어느 영화의 제목처럼…….

마음을 같이하여 같은 사랑을 가지고 뜻을 합하며 한마음을 품어 아무 일에든지 다툼이나 허영으로 하지 말고 오직 겸손한 마음으로 각각 자기보다 남을 낫게 여기고 _빌립보서 2: 2~3

2
제발 그 촌스러운 목도리 좀 빼세요

요즘 털목도리가 유행이다. 길을 걷다 보면 긴 털목도리를 목에 휘감고 거리를 활보하는 젊은이들을 쉽게 볼 수 있다. 내가 스무 살 무렵에도 지금과 같은 털목도리가 유행이었다. 그때는 목도리나 조끼를 직접 떠서 입고 다니는 사람들도 많았다. 지난해 겨울, 둘째 예은이와 쇼핑하면서 목에 두를 멋진 털목도리를 하나씩 샀다. 오랜만에 털목도리를 목에 두르자, 25년 전 신 목사와 데이트하던 장면이 슬라이드처럼 한 장 한 장 떠올랐다.

결혼 후에 알게 되었는데, 나를 만나기 전 신 목사는 열여섯 차례나 선을 보았다고 한다. 내가 열일곱 번째였던 것이다. 나로서는 기가 막힐 일이었다. 나를 만나면서 이리 재고 저리 재고, 그전에 선본 여성들을 죽 늘어놓고 나와 비교하지 않았겠는가. 그런 줄도 모르고 나는 언니 손에 이끌려 난생 처음 선을 보게 되었고, 신 목사의 유머러스한 말끝마다 천방지축 깔깔거리며 웃어댄 것이었다. 얼마나 속없어 보였을까. 그런데 신 목사는 그런 내 모습이 싫지 않았던 모양이다. 심각한 표정으로 앉아 있는 것보다는 꾸밈없이 소탈하게 웃는 모습이 오히려 좋게 다가왔다고 한다.

'이렇게 잘 웃는 사람과 평생 함께 살면 가정이 마치 천국 같겠다!'

열심히 웃는 나를 보면서 이런 생각이 들었다는 것이다. 그런 걸 보면 언제 어디서나 잘 웃으면 좋은 일이 생긴다는 건 분명하다.

처음 만나던 날, 신 목사는 내게 심각한 말투로 이렇게 말했다.

"놀라지 마세요. 저는 위로 누나가 넷이나 있는 9남매의 장남이고, 어머니를 제가 모셔야 합니다."

이쯤 되면 뒤로 나자빠질 법한데, 나는 순간 피식 웃음이 나왔다.

"뭘 그 정도 가지고 그러세요. 저는 10남매 중 막내인걸요."

내가 담담한 표정으로 이렇게 말하자 오히려 신 목사가 더 놀라는 눈치였다. 사실 신 목사가 가족이 많다고 고백할 때, 나는 우리가 필경 한 가족이 될 것만 같은 느낌이 확 들었다. 나에게는 언니가 여럿인데, 형부들 중에는 9남매, 10남매, 심지어 13남매인 분도 있었으므로 대가족이 꽤 익숙한 풍경이었다. 신 목사 역시 첫 느낌이 괜찮다면서, 우리가 부부의 인연인지 하나님께 기도하겠다며 사흘 동안 기도원에 가겠다고 했다. 나 역시 마찬가지였다.

"정말 이 사람이 내가 지금껏 기도해온 사람이 맞나요, 주님?"

나는 결혼할 사람으로 신 목사를 놓고 간절히 기도하게 되었다. 그리고 기도원에서 내려오는 날에 특별히 기억에 남는 선물을 하고 싶어 처음으로 털실을 사다가 목도리를 짜기 시작했다. 굳이 내가 목도리를 짜려고 했던 이유는, 회사 동료가 남자친구에게 준다며 조끼를 짜고 있었기 때문이었다. 나도 내 손으로 무엇이든 짜고 싶은데, 손재주 없는 내가 이리저리 코를 빼고 넣어야 하는 조끼를 짤 능력은 안 될 터였고, 가장 쉬운 게 뭘까 곰곰이 생각하다가 목도리를 짜기로 한 것이었다. 그리고는 바로 털실가게로 갔다. 털실가게에는 정말 다양한 색의 털실이 즐비했다. 그중 아이보리 색 털실이 내 눈에 확 들어왔다. 신 목사가 밝은 색을 좋아한다고 한 데다가 아이보리 색이 그에게 가장 잘 어울릴 것 같았기 때문이었다.

'바로 이 색이야!'

아무 무늬도 넣을 줄 몰랐던 나는 고등학교 때 가사 시간에 배운 안뜨기 방법을 떠올렸다. 그리고 안뜨기만으로 나의 첫 번째 뜨개질 작품을 완성하게 되었다.

신 목사가 기도원에 가고 사흘 후, 신 목사로부터 만나자는 연락이 왔다. 나는 신목사에게 정성껏 준비한 아이보리 색 털목도리를 예쁜 포장지에 넣어 내밀었다. 어찌나 기뻐하던지, 지금도 신 목사가 기뻐하던 모습이 눈에 선하다. 그는 하나님께 기도 응답을 받았다며 계속 나와 만나고 싶다고 했다. 돌이켜보면 아무래도 그 털목도리가 우리를 부부로 엮어준 게 아닌가 싶다. 게다가 그 목도리는 형편없는 졸작이었는데도 신 목사는 늘 그 털목도리를 하고 내 앞에 나타났다. 우리는 그렇게 그해 겨울을 털목도리와 함께 지내게 되었다.

그런데 그 목도리에 관해 훗날 새롭게 알게 된 사실이 하나 있다. 신 목사 주변의 권사님이 목도리에 대해 혹평을 한 것이었다.

"제발 그 촌스러운 털목도리는 그만 하시고 이걸 두르세요."

권사님은 그 털목도리의 사연도 모른 채, 백화점에서나 볼 수 있는 명품 목도리를 선물했다. 신 목사는 하는 수 없이 평소에는 권사님이 준 명품 목도리를 하고, 나를 만날 때는 슬그머니 털목도리로 바꾸고 나타난 것이었다. 물론 나는 알 턱이 없었다.

아무튼 그 촌스러운 목도리로 인해 우리 둘은 더 가까워질 수 있었다. 우리를 부부의 연으로 이어준 아이보리 색 털목도리는 나에게 잊을 수 없는 소중한 추억의 귀중품이 되었다. 지금도 나는 추운 겨울이면 털목도리를 둘둘 감고 거리를 활보한다.

그러므로 우리가 믿음으로 의롭다 하심을 받았으니 우리 주 예수 그리스도로 말미암아 하나님과 화평을 누리자 _로마서 5:1

3
결혼 기도는 일찍 할수록 좋다

지금은 고인이 되셨지만, 내가 좋아하는 일본 작가 중에 '미우라 아야코'라는 작가가 있다. 소설 『빙점』의 작가로도 잘 알려진 그분은 기독인으로서 삶의 태도가 아름다워서 무척 존경하는 분이다. 미우라 아야코가 유명하게 된 배경에는 그의 남편인 미우라 씨의 역할이 크다. 미우라 씨는 몸이 많이 약하고 불편한 아내를 위해 헌신적으로 봉사하고 도와주는 착한 남편으로 기록되어 있다. 그분의 책을 거의 섭렵하다시피 했던 나는 남편으로서의 이상형이 당연히 미우라 씨였다. 나는 만나는 사람마다 미우라 아야코의 책을 사주면서 미우라 씨에 대한 견해를 묻곤 했는데, 열 명이면 열 명 다 같은 반응이었다.

"세상에 그런 남자가 어딨어요. 그런 남자를 기대하다가는 아마 평생 결혼 못 할 거예요."

나는 신 목사가 나와 교제하기를 원할 때, 미우라 씨에 대한 그의 견해가 궁금하지 않을 수 없었다. 우리는 명동의 한 서점에 들렀고, 나는 신 목사에게 미우라 아야코의 『사랑하며 믿으며』라는 책을 선물했다. 그런데 신 목사의 반응이 놀라웠다.

"미우라 씨요? 너무 착한 남편이더군요. 그런데 전 그보다 더 잘할 자신이 있어요. 내가 사는 방식이 그와 많이 닮긴 했는데……."

이런 걸 천생연분이라고 하는 걸까. 내 이상형을 찾은 느낌이었다. 그동안 기도해왔던 사람이라는 확신이 들었다. 역시 결혼 기도를 일찍 시작하길 참 잘했다는 생각이 들었다.

내가 고등학교를 졸업하고 우리 교회 대학부에 처음 들어갔을 때, 4학년 언니 오빠들이 우리에게 이렇게 충고한 적이 있었다.

"너희들은 지금부터 결혼 기도를 하는 게 좋아. 4학년쯤 되어 하지 말고, 1학년 때부터 미리미리 기도를 쌓아놓는 것이 중요하거든. 무조건 결혼 기도는 일찍 할수록 좋은 거야."

그 무렵 나는 조용기 목사님의 영어본 『The Fourth Dimension 4차원의 영성』을 읽고 있었는데 한국판 번역본이 출간되기 전이었다, 본문 중에 소개된 『목사님, 우리는 폭스바겐을 원합니다』라는 책에 완전히 꽂혀 있었다. 내가 원하는 것을 종이에 적고, 종이에 적힌 대로 아주 구체적이고 현실적인 기도를 하라는 내용의 책이었다. 그렇게 구체적으로 기도하면 폭스바겐을 원한 부부가 결국 폭스바겐을 얻게 된다는 내용이었다. 그래서 나도 이렇게 결혼 기도 제목을 세웠다.

1. 예수 잘 믿는 남자
2. 키 크고 잘생긴 남자

3. 학벌 좋은 남자

4. 집안 좋은 남자

5. 유머 있는 남자

6. 성격 좋은 남자

7. 노래 잘하는 남자

8. 건강하고 운동 좋아하는 남자

9. 교수 등의 직업을 가질 만한 능력이 있는 남자

그런데 눈을 씻고 찾아봐도 이런 조건을 갖춘 사람은 아무도 없었다. 키가 크고 잘생겼지만 학벌이 좋지 않거나, 성격과 믿음이 좋은데 키가 작고 못생겼거나 뭐 그런 식이었다. 기도하면 할수록 이런 조건들이 얼마나 이기적이고 인간적인 조건들인지 하나님께서는 알게 하셨다. 따지고 보면 나 역시 내놓을 만한 학벌을 가진 것도 아니고 빼어난 미모를 갖춘 것도 아니었다. 그렇다고 훌륭한 집안도 아니었고 유머가 넘치거나 좋은 성품을 가진 것도 아니었다. 운동이나 노래를 잘하는 것도 아니었고, 좋은 직장을 가질 만한 능력도 없었다. 그러면서 아홉 가지 조건을 갖춘 남자를 구한다는 게 너무 우스웠다. 만일 나와 똑같은 조건을 내세우는 남자가 있다면 그에게 나는 분명 빵점짜리일 것이다.

학년이 올라갈수록 우선 나부터 신앙에 굳게 서고 신앙의 관점에서 다시금 목표를 세워야겠다는 생각이 들었다. 그렇게 시간이 흘러 어느덧 4학년이 되었고, 내가 기도하고 있는 남편감의 조건들이 내 관점에서 하나님의 관점으로 변화하는 것이 보였다.

1. 신앙적으로 훌륭한 사람
   - 나보다 신앙이 더 좋아서 내가 신앙적으로도 존경할 만한 사람
2. 인격적으로 훌륭한 사람
   - 신앙뿐 아니라 인격적으로도 모두에게 존경받을 만한 사람
3. 나와 어느 정도 취미가 맞는 사람
   - 평생 함께 취미생활을 기쁘게 할 수 있는 사람
4. 신앙이 좋은 가정(특히 어머님의 신앙)에서 자란 사람
   - 혹시 어머님과 내가 의견이 충돌하면 먼저 내 손을 잡고 "우리 기도하자."라고 말씀하실 정도의 믿음을 가진 어머니를 둔 사람

이렇게 변화된 기도 제목을 놓고 기도하는 가운데 내 앞에 나타난 사람이 바로 신 목사였다. 그런데 신기한 것은, 어릴 때 기도했던 이기적이고 인간적인 아홉 가지 조건에 신 목사가 하나도 빠지지 않고 다 해당되었던 것이다. 하나님은 내 사소하고 이기적인 기도에도 응답해주시는 좋은 분이셨다. 결혼 기도는 일찍 하면 할수록 좋은 것이라는 말이 맞았다. 나 역시 선배들 말에 그대로 순종한 결과, 더없이 멋지고 훌륭한 남편감을 얻게 되었기 때문이다.

요즘은 열 쌍 중 세 쌍 이상이 이혼한다고 한다. 게다가 황혼이혼이 유행하는 세상이라고 매스컴에서 떠들어댄다. 그럼에도 불구하고 올해로

결혼 25주년을 맞이하는 우리 부부가 다행히 아직도 신혼인 듯한 이유는, 오랫동안 서로 배우자를 놓고 기도했기 때문이 아닌가 싶다. 하나님이 기도의 응답으로 친히 맺어주신 귀한 사람이라고 여기니, 언제 어디서나 서로를 귀하고 소중하게 대해주고 싶은 마음이 저절로 들게 된 것이다. 그래서 결혼 후의 권태나 위기도 잘 이겨낼 수 있었던 것 같다.

매년 결혼기념일이 돌아올 때마다 내가 신 목사에게 진심어린 마음으로 보내는 사랑의 메시지가 있다. 올해도 또 난 이렇게 닭살 문자를 보낼 예정이다.

"나처럼 부족한 사람, 지금껏 한 번도 싫다 하지 않고 함께 살아준 것만도 너무 고마워. 여보, 사랑해."

너희 안에서 행하시는 이는 하나님이시니 자기의 기쁘신 뜻을 위하여 너희에게 소원을 두고 행하게 하시나니 _빌립보서 2:13

4
찢어진 꽃은 아무도 안 사가요

벌써 노환이 왔는지 언제부터인가 작은 글씨가 잘 보이지 않는다. 얼마 전 돋보기를 맞추긴 했는데 무슨 자존심인지 아직 돋보기를 낄 나이가 아니라고 우기고 싶고, 아주 특별한 경우를 제외하고는 잘 끼려고 하지 않는다. 사실 아주 작은 글씨 외에는 멀리 있는 글씨도 잘 보는 편이다. 그런데 스무 살 무렵에는 시력이 썩 좋지 않았다. 어두운 곳에서 책을 가까이해서인지 대학교 1학년 때부터 서서히 눈이 나빠지기 시작해, 급기야 멀리 있는 사람이 누구인지 잘 알아보지 못할 지경에 이르렀다. 어쩔 수 없이 안경을 써야만 했다.

대학교 4학년 때부터는 콘택트렌즈를 끼고 다녔다. 안경이 얼굴 형태를 변화시킬까 걱정이 되었던 것이다. 그런데 결혼하여 첫 아이를 낳은 후로 신기하게 시력이 좋아졌다. 정상적인 시력을 되찾은 것이었다. 신 목사는 내가 눈이 좋아지도록 계속 기도해왔다는데, 그 때문인지 어느 날 문득 안경도 렌즈도 필요 없게 되었고, 다시 원래의 시력인 1.2가 되어 있었다.

그런데 콘택트렌즈를 낄 당시, 렌즈 때문에 일생일대 엄청난 사건이 일어났다. 렌즈가 먼 거리의 물체를 잘 보이게 해주는 역할은 할지 몰라도, 코앞에 있는 물체까지는 잘 보이게 해주지 않았던 게 문제였다.

결혼 전, 성가대에서 봉사하고 있던 나는 성가 연습을 하기 위해 연습실을 향해 선교센터 문으로 막 들어가고 있었다. 그런데 갑자기 발에 무엇인가가 걸려 넘어지고 말았다. 그 순간, 바로 앞에 있던 유리문과 이마가 정면 충돌한 것이었다. 렌즈를 끼지 않았더라면 무의식적으로라도 손을 짚어 얼굴을 보호할 수 있었을지 모른다. 하지만 렌즈를 끼고 있던 내 눈에는 투명한 유리문이 전혀 보이지 않았고, 그대로 부딪치면서 이마가 심하게 찢어지고 말았다. 얼굴에 피가 철철 흐르는 나를 성가대 오빠들이 부리나케 가까운 병원으로 데려갔다. 늦은 저녁시간이었기에 의사가 있을 리 없었고, 그리 경험 많아 보이지 않는 젊디젊은 인턴이 내 이마를 꿰맬 준비를 하면서 이렇게 물었다.

"저…… 혹시 미혼이신가요?"

"네."

"어쩌죠? 꽃집에 가도 사람들이 찢어진 꽃은 아무도 안 사가던데……."

나는 몹시 속상했지만, 그 말은 나를 다시 한 번 생각하게 했다.

"저…… 의사 선생님. 그러니까요, 부탁인데요. 제발…… 예쁘게 좀 꿰매주세요, 네?"

옆에 있던 성가대 오빠들은 다 죽어가도 입은 살았다며 놀려댔다. 결국 나는 엉성한 인턴의 손에 의해 다섯 바늘이나 이마를 꿰맸다.

그런데 신 목사를 겨우 몇 번밖에 안 만났을 즈음, 찢어진 꽃은 아무도 안 사간다는 인턴의 그 말이 자꾸만 뇌리를 스쳤다. 과연 신 목사는 이런 내 이마를 어떻게 바라볼까? 며칠 후 나는 이마에 하얀 붕대를 대문짝만 하게 붙이고는 신 목사를 만나러 갔다. 신 목사는 눈이 휘둥그레졌고, 나는 그런 그에게 이렇게 물었다.

"저, 신 목사님은 외모를 보고 사람을 취하시는 분이세요, 아니면 중심을 보고 사람을 취하시는 분이세요?"

당돌한 내 질문에 신 목사는 당연하다는 듯 답변했다.

"저는 외모만 보고 사람을 취하거나 하는 그런 사람이 아닙니다. 그저 한 선생님의 믿음을 보고……."

나는 피식 웃음이 나왔다. 그래도 명색이 목사님인데 이마에 붕대를 떡하니 붙이고 앉아 있는 내 앞에서 외모를 보고 사람을 취한다고 하겠는가. 목사님 입에서 나올 만한, 너무나 예견된 대답이었다. 이렇게 우리의 만남은 어쩔 수 없이⑦ 계속 이어지고 있었다.

그런데 문제는 보기 흉한 그 붕대를 계속 이마에 붙이고 있지 않으면 안 된다는 사실이었다. 상처가 아무는 시간이 생각보다 오래 걸리고 있었기 때문이었다. 설사 붕대를 떼어낸다고 하더라도 이마 한가운데 다섯 바늘이나 꿰맨 상처는 쉽게 아물지 않을 테고, 흉터 또한 크게 남을 것이 분명했다. 나는 거울을 볼 때마다 걱정이 되었다.

'정말로 몇 년, 아니 몇십 년이 지나도 이 흉터가 안 없어지면 어쩌지?'

당시에는 겁이 더럭 났지만, 감사하게도 세월이 흐를수록 상처가 점점 줄어들더니 지금은 화장만 멋지게 잘 하면 거의 남의 눈에는 보이지 않을 만큼 작아졌다. 우스꽝스러운 내 부탁에 신경 써서 예쁘게 잘 꿰매준 인턴이 어찌 그리 고맙던지……. 결혼 후 25년이 지난 지금도 거울을 물끄러미 바라보면 이마의 상처가 보인다. 얼굴에 큰 흉터가 있어도 나를 마다하지 않고 계속 만나주고 결국 결혼까지 해준 신 목사가 오늘따라 왜 이리 고마운지 모르겠다. 그때 만일 신 목사가 날 계속 만나주지 않았더라면, 얼굴에 깊이 파인 상처보다 더 깊고 큰 상처가 가슴속에 평생 지워지지 않고 남았을 것이다. 그리고 보면 부부란 서로 아픈 상처를 들춰 내지 않고 감싸주고 덮어주라고 만난 인연인 게 틀림없다.

요즘 아내들이 하루 중 가장 스트레스를 많이 받는다는 시간대를 조사해보니, 남편이 퇴근해 집에 들어올 시간이라는 웃지 못할 이야기를 들은 적이 있다. 그런데 사실 이게 남의 이야기만은 아닌 것도 같다. 그럴 때마다 난 거울에 비친, 내 얼굴에 남아 있는 흉터를 가만히 들여다본다. 그리고는 결코 잊을 수 없는, 오직 나만 알고 있는 '찢어진 꽃'의 교훈을 되새겨본다.

5
우리 집에는 왕자와 공주, 천사와 여우, 네 식구가 산다

병 중에서 가장 심한 불치병은 공주병과 왕자병이 아닐까. 우리 부부는 각자 그 병에 걸려 있는데, 가끔 서로에게 삶의 기쁨을 주는 그 병이 그리 나쁘지만은 않은 듯하다.

"오늘 우리 교회에 새로 등록한 예쁜 고등학생이 그러는데……. 글쎄, 우리 교회에 등록한 이유가 설교하는 목사님이 너무 잘생겨서래."

얼마 전에 신 목사는 어깨를 들썩이며 자랑스럽게 이렇게 말하는 것이었다.

"맞아요, 내 생각도 그래요."

이렇게 부추겨주면 오죽 좋으련만, 나는 질 새라 이렇게 말했다.

"요즘 내게 일본어 배우러 오는 나이 드신 아저씨들이 그러시는데요, 일본어 공부하러 오는 이유가 글쎄 제 미모 때문이래요."

우리는 이렇게 남들이 알면 뒤로 까무러칠 만한, 말도 안 되는 유치한 유머를 하면서 깔깔대며 기분 좋게 웃곤 한다. 아무리 어이없는 유머라도 서로 주고받고 나면 얼마나 행복한지 모른다. 편하게 말하고 들어주는 이런 대화법이 서로에게 힘이 되기 때문에, 씹던 밥알이 곤두선다 싶을 정도로 유치해도 우리는 잘 참고 들어주는 편이다. 사실 알고 보면 우리 모두는 정말로 하늘나라의 왕자와 공주가 아닌가.

결혼 전부터 신 목사는 늘 내게 이렇게 말했다.

"글쎄, 교회에 있는 모든 미혼 여성이 나를 신랑감으로 달라고 기도하고 있다는 소문이 파다해."

나 역시 질 새라 덩달아 이렇게 말했다.

"절 신붓감으로 달라고 기도하는 숱한 남성들이 얼마나 많은 줄 모르셨죠?"

못 말리는 공주병과 왕자병에 걸린 우리 두 사람은 마침내 1985년 10월 5일, 조용기 목사님의 주례로 결혼식을 올렸다. 그날은 마치 하늘에서 양동이로 물을 쏟아붓는 듯한 장대비가 쏟아졌다. 우산을 쓰고 있어도 피할 수 없을 만큼 엄청난 폭우였다. 그 와중에도 신 목사는 이렇게 우스갯소리를 했다.

"내 결혼 소식에 슬피 우는 여성들이 너무 많아 억수로 비가 오는 게 아닐까?"

내가 이 말에 가만히 있을 수는 없었다. 나 역시 맞장구를 쳤다.

"우는 남성들이 너무 많아 빗줄기가 굵은 게 아닐까요?"

결국 우리의 결혼을 슬퍼한 뭇 남성들과 여성들의 눈물이 합쳐져 엄청난 폭우가 쏟아졌다고 합의했다. 그렇게 우리 둘의 못 말리는 유머는 결혼식 당일에도 그 진가를 유감없이 발휘했다.

첫딸 성은이는 허니문 베이비다. 제주도로 신혼여행을 다녀온 후 바로 아이가 생겼다. 그런데 임신 8개월 즈음, 이상하게 배가 살살 아파왔다. 처음에는 10분 간격으로, 그러다 5분 간격으로, 나중에는 3분 간격으로……. 참다못한 나는 곁에서 원고를 쓰고 있던 신 목사에게 배가 너무 아프다고 말했다. 신 목사는 얼른 내 배에 손을 얹고는 간절히 안수기도를 했다.

"주님, 지금 이 시간 혜숙이 아픈 배를 치료해주세요."

그리고는 내 얼굴을 바라보며 이렇게 안심시켜주었다.

"이제 괜찮을 거야, 걱정 마."

그러나 아픈 배는 도무지 나아질 기미를 보이지 않았다. 뭐 딱히 잘못 먹은 것도 없는 것 같았고 체한 것 같지도 않았다.

"여보, 아직도 배가 계속 아파요!"

안수기도하면 대개 '믿음'으로 차도가 있어야 하는데 계속 아프다고 야단이니, 신 목사가 난감한 모양이었다. 같은 간격으로 통증이 찾아오는 걸 보면서 분만 통을 의심할 만했으나, 첫 임신인 데다가 아직 출산일이 두 달이나 남은 시점이었기에 설마 분만 통이라고는 짐작도 못 했다. 나중에는 배가 심하게 아파 심상치 않은 생각이 들어 산부인과 의사인 오빠에게 전화를 걸었다. 그랬더니 오빠는 지금 당장 병원으로 오라고 소리쳤다.

병원에 도착하자마자 나는 미숙아를 낳고 말았다. 그 순간에도 우스갯소리하는 신 목사, 뱃속의 아기에게 '아가야 나오너라, 달맞이 가자'를 매일 불러줘서 아기가 빨리 나온 게 아니냐고 말했다. 그리고는 다시는 그런 노래를 부르지 말라고 덧붙였다. 나는 웃지 않을 수 없었다.

우리 가족, 성은이 예은이 어릴 때

2.05킬로그램의 우리 딸, 하지만 그저 아이를 살려주신 것만도 너무나 감사했다. 우리 부부는 '하나님의 은혜로 낳은 딸'이라는 의미로 '성은'이라고 이름 지었다.

성은이는 심폐기능이 약해 태어날 때도 숨을 잘 쉬지 못했다. 편안히 잠을 자야 할 때도 거칠고 가쁘게 숨을 쉬었다. 혹시 심장병이 있는 게 아닐까 걱정이 되었다. 병원 검진 결과, 수술할 만큼 심각하진 않았으나 아니나 다를까 심장에 눈에 보일 듯 말 듯 아주 조그마한 구멍이 있다고 했다. 성은이가 어른이 되자 그 구멍은 저절로 막혀 없어졌다. 하나님의 은혜였다. 하지만 당시에는 '지적 장애아'라는 판명을 받아야 했다.

다른 아이들보다 유난히 발육이 느렸던 성은이. 과연 이 아이가 커서 말은 할 수 있을지, 두 발로 걸을 수는 있을지, 엄마로서 온갖 염려를 떨쳐버릴 수 없었다. 그러나 늘 기쁨과 감사로 살 수 있었던 것은 바로 신 목사의 유머 덕분이었다. 엄마와 아빠를 동시에 부르는 성은이만의 호칭은 '엄빠'였는데, 신 목사에게는 그 호칭조차 자랑거리였다.

"성은아~ 엄빠, 해봐."

신 목사는 간단한 호칭으로 엄마든 아빠든 먼저 자기에게 달려올 수 있도록 만드는 성은이가 얼마나 지혜로운지 모른다며 자랑을 일삼았다. 신 목사로부터 성은이가 왜 이렇게 말이 늦느냐고 잔걱정하는 소리를 한 번도 들어본 적이 없었다.

"하나님이 천사 성은이를 누구네 집에 보낼까 생각하다가 우리 부부에게 보내신 거야. 그러니까 우리 부부는 진짜 하나님한테 너무 잘 보인 게 분명해. 그치?"

이것이 바로 신 목사의 긍정의 유머다. 장애를 가지고 태어난 성은이가 구김살 없이 밝고 곧게 자란 것은 아빠의 유머, 긍정의 힘이 가져온 결과라고 나는 믿는다.

이러므로 남자가 부모를 떠나 그 아내와 연합하여 둘이 한 몸을 이룰지로다 - 창세기 2:24

6
운동화를 사줄 수 있는 행복

며칠 전, 지나가는 길에 예쁜 핑크빛 운동화가 눈에 띄었다. 성은이가 좋아할 만한 색상의 운동화였다. 유난히 예쁜 신발을 좋아하는 성은이는 동생 예은이의 신발을 마치 제 것처럼 신고 돌아다니곤 했다. 사실 성은이에게 신발을 사줄 때마다 나 혼자만 느끼는 기쁨과 희열이 있다. 성은이에게 신발을 사줄 수 있는 행복이 평생 없을 줄 알았던 시절이 있었기 때문이다.

성은이 다리는 무척 길고 날씬했지만 세 살이 넘도록 줄곧 유모차를 타야 할 정도로 다리에 힘이 없었다. 걸을 수 없는, 그저 '날씬한 다리'였다. 게다가 성은이가 사용할 줄 아는 단어는 '엄빠'가 유일했다. 성은이가 엄빠라고 부르면 우리 부부는 동시에 달려가야 했다. 서로 자기를 부르는 줄 알았기 때문이다. 성은이가 부르는 '엄빠'에는 너무나 많은 내용이 담겨 있었다.

"배고파요!"

"기저귀가 척척해요."

"졸려요."

"아파요."

"위험하니까 도와주세요."

그래서 우리 부부는 성은이의 외마디에 감사하고 또 감사할 수밖에 없었다. 성은이가 전혀 말을 못하는 것이 아니라, 그렇게 엄마 아빠를 동시에 부를 수 있는 것만으로도 기뻤다.

성은이가 세 살이 되던 해에 나는 둘째 아이를 갖게 되었다. 성은이가 여전히 걷지도 못하고 말도 못하는 상황에서 둘째 아이의 임신은 갖가지 생각을 떠올리게 했다. 그러다 임신 3개월쯤으로 접어들었을 때, 오산리 기도원에서 '사모 금식 수련회'를 한다는 광고 문구가 눈에 번쩍 들어왔다. 왠지 금식하며 기도하면 태아에게 절대로 어려운 일이 안 생길 것만 같았다. 시간이 지날수록 그 마음은 강한 믿음으로 바뀌었다.

그런데 신 목사가 나에게 되물었다.

"금식? 성은이 가졌을 때 한

세 살 무렵까지 걷지 못하던 성은이

끼만 안 먹어도 손이 막 떨렸다면서, 어떻게 금식을 하나?"

"여보, 금식하면서 성은이를 위한 기도도 함께 할 수 있을 것 같아요. 난 무슨 일이 있어도 이번 금식 수련회에는 꼭 참석하고 싶어요."

마음 한구석이 조심스럽긴 했으나 강한 믿음에는 변함이 없었다. 내 의지에 신 목사는 손수 차를 몰아 기도원까지 데려다주었다. 그렇게 기도원 생활이 시작되었다. 물만 마셨는데도 배고프지 않았으며 손이 떨리지도 않았다. 신기했다. 사모님들과의 교제가 도움이 되었는지도 몰랐다. 이번에는 꼭 뱃속의 아기가 아무 이상 없이 건강하게 나오도록, 그리고 아직 말도 못하고 걷지도 못하는 성은이를 위해서라도 둘째 아이가 걷고 뛸 수 있게 해달라며 간절히 기도했다. 금식 3일째가 되던 마지막 날이었다. 기도 중에 하나님께서 주신 말씀이 있었다.

내 이름을 경외하는 너희에게는 의로운 해가 떠올라서 치료하는 광선을 발하리니 너희가 나가서 외양간에서 나온 송아지같이 뛰리라_말라기 4:2

이 말씀이 기도 중에 불현듯 가슴을 스치며 지나갔다.
'송아지같이 뛰리라……. 송아지같이 뛰리라…….'
가슴이 설레었다. 혹시나 하는 기대를 안고 기도원에서 내려가자마자 성은이를 찾았다.
"성은아!"
아, 예전과 다름없는 성은이였다. 아무것도 달라져 있지 않았다. 성은이는 여전히 말도 못하고 한 발짝도 걷지 못했다. 그렇다면 '송아지같이 뛰리라'고 하신 말씀은 무엇일까?

그 후 5개월이 지나 7개월째로 접어들고 있었는데 갑자기 양수가 터졌다. 그토록 조심하고 무리하지 않으려고 안간힘을 다했음에도 불구하고 이런 일이 벌어진 것이었다. 병원에서는 양수가 터지면 안 좋다고 했다. 감염의 위험이 있어서 아기와 산모에게 아주 위험하다며 심각한 이야기들을 늘어놓았다. 하지만 아기를 위해 금식기도 해서인지 의사들의 말에 동요되지 않았고 마음이 편안했다. 이런 일에 대비하기 위해 미리 금식기도를 시키신 모양이라는 생각이 들었다. 그렇게 나는 입원하게 되었고 입원한 지 두 주 만에 둘째 예은이도 조산하고 말았다. 1.66킬로그램의 너무나 작은 몸으로 태어난 예은이였으나, 우리 모녀는 건강하게 무사히 퇴원할 수 있었다.

그런데 퇴원하던 날, 놀라운 일이 내 눈 앞에서 벌어졌다. 성은이가 아슬아슬하게 혼자 일어서더니 뒤뚱거리며 한 발 한 발 내 앞으로 걸어오는 것이 아닌가! 태어난 지 3년 만에 처음으로 혼자 걷는 성은이의 모습을 보게 된 것이었다. 알고 보니 내가 병원에 입원해 있는 동안 성은이가 혼자 넘어지고 일어서기를 반복하며 열심히 걸음마 연습을 한 것이었다. 뒤뚱거리며 내게 걸어오는 성은이를 보자 갑자기 눈물이 앞을 가렸다. 내 눈 앞에서 하나님의 응답의 말씀이 이루어지고 있었기 때문이었다. 기도원에서 주신 말씀이 선명하게 떠올랐다. 말라기 4장 2절, 너희가 나가서 외양간에서 나온 송아지같이 뛰리라. 성은이가 혼자 걸을 수 있게 된다면 매년 예쁜 신발을 사주리라는 기쁨이 밀려왔다.

　며칠 전, 성은이에게 핑크빛 운동화를 사주면서 그때의 그 감격이 생생하게 되살아났다. 오늘도 성은이는 그 예쁜 운동화를 신고, 보나마나 너무나 씩씩한 걸음걸이로 온 교회를 떠들썩하니 활보하며 다닐 것이다.

보라 나와 및 여호와께서 내게 주신 자녀들이 이스라엘 중에 징조와 예표가 되었나니 이는 시온 산에 계신 만군의 여호와께로 말미암은 것이니라 _이사야 8:18

7
우리는 닭살 문자 커플

우리 부부는 지금도 닭살 돋는 문자를 자주 보내곤 한다. 이 나이에 무슨 문자? 라고 반문하는 사람도 있겠지만 문자는 서로의 사랑을 확인하는 데 아주 그만이다. 이만큼 좋은 전달 방법도 없는 것 같다. 서로 다른 스케줄 속에서 바쁘게 지내다 보니, 같은 서울 하늘 아래 있어도 오래 떨어져 있기 일쑤다. 게다가 지방이나 해외에 가 있는 경우도 잦다. 그러면 자연스럽게 문자를 주고받게 된다.

'여보, 당신이 옆에 없으니까 벌써 보고 싶네. 빨리 갈게. 사랑해. 쪽♥'

내 핸드폰에는 어느새 이런 문자가 도착해 있다. 이제는 뻔한 말에 식상할 만도 하건만, 신기하게도 이런 닭살 멘트가 내 지친 삶에 윤활유가 되어준다. 그런데 이런 닭살 문자 말고도 지금도 잊지 못할 편지 하나가 있다. 바로 신 목사가 손수 써준 '성은이의 편지'다.

둘째 아이를 가진 임신 7개월째, 갑자기 양수가 터져 부랴부랴 병원에 가지 않았는가. 병원에서는 당장 입원하라며 무감염실 독방으로 날 밀어 넣었다. 일반인의 출입이 통제된 곳이었지만 아주 잠깐씩 보호자의 면담

이 허락되었다. 그때 신 목사가 나에게 성은이의 편지를 건넸다. 당시 성은이는 편지는커녕 오직 '엄빠'밖에 할 줄 모를 때였다.

"여보, 성은이가 엄마에게 쓴 편지야. 읽어봐."

편지의 내용은 대충 이런 것이었다.

"엄빠~~~ 엄빠~~~엄빠빠~~~~"

(엄마, 나 성은이에요. 엄마가 없으니까 너무 보고 싶어요.)

"엄~~빠~~ 엄빠엄빠~~~"

(그래도 저는 아빠와 너무 잘 지내고 있어요. 내 걱정은 하지 마시고 건강하게 돌아오세요.)

"엄~~빠빠빠 엄빠~~~"

(아빠는 늘 엄마가 보고 싶고, 빨리 엄마가 아빠 곁에 왔으면 좋겠대요.)

"엄~~빠~~ 엄~~~빠~~~"

(엄마, 저도 엄마 사랑해요. 얼른 동생 잘 낳고 우리 네 식구가 함께 모여 살 수 있는 날이 빨리 왔으면 좋겠어요.)

"엄~~~빠~~~~승~~빠~~~~~~"

(엄마, 아빠가 열심히 기도하고 있어요. 집안일은 아무 걱정 말고 승리하고 돌아오세요.)

신 목사가 이런 내용의 편지를 장장 두 장에 걸쳐 만들어온 것이었다. 겉으로는 너무 재미있다며 웃었지만 사실은 눈물이 앞을 가렸다. 유머 있고 재치 있는 신 목사의 편지에 감동한 것이었다. 성은이의 사랑도, 남편의 사랑도 편지 안에 가득가득 배어 있었기 때문이었다. 나는 빨리 가족의 품으로 돌아가고 싶어졌다. 아직 말도 못하고 걷지도 못하는 성은이가 너무 보고 싶었다. 모든 건강은 정신력에서 온다고 하지 않던가. 이 사랑의 편지는 반드시 건강해져서 아이와 함께 집으로 돌아가야겠다는 집념을 일깨워주기에 충분했다.

당시 내가 다니던 병원에서는 하루 세 차례씩 환자들을 위해 방송으로 기도문을 들려주었는데, 그때마다 나는 몸과 마음이 정화되는 듯했다. 그 시간들이 나에게는 너무나 귀한 시간이었다. 하나님과 친밀한 교제를 나눌 수 있는 평안의 시간이었다. 양수가 터져 누워 있어야만 하고, 무감염실 독방이라 외롭고 심심하기도 했지만, 오직 말씀을 묵상하고 큐티하면서 하나님과 남다른 사랑을 체험할 수 있었기 때문이었다. 게다가 가까운 병실에서는 분만의 고통으로 절규하는 산모의 목소리가 흘러왔다.

"하나님, 저들이 분만의 고통을 잘 참고 이기게 하시고, 건강한 아이를 순산할 수 있게 도와주세요."

얼굴도 이름도 모르는 산모의 고통이 들려올 때 내가 그들을 위해 해줄 수 있는 일이라고는 기도뿐이었다. 그렇게 시간을 보내며 말씀을 읽던 중, 시편 말씀이 눈에 들어왔다.

여호와는 나의 빛이요 나의 구원이시니 내가 누구를 두려워하리오. 여호와는 내 생명의 능력이시니 내가 누구를 무서워하리오 _시편 27:1_

그날따라 '생명의 능력'이 되신다는 말씀이 왜 그렇게 힘이 되던지……. 생명의 능력 되시는 하나님은 분명히 나도 살려주시고 우리 아기도 살려주실 것이라는 확신이 들었다. 말씀을 통해 그 믿음이 가슴속에 더욱 크게 새겨졌다.

그렇게 두 주가 지나고 있을 때였다. 산부인과 병동을 지나던 한 소아과 의사가 문득 벽에 걸려 있던 내 차트를 보더니 매우 놀라워했다. 왜 이렇게 아기를 뱃속에 오래 두었냐며 아기를 위해서라도 지금 당장 낳아야 한다고 했다. 하나님께서 가장 정확한 시간에 그 소아과 의사를 보내주신 것이었다. 산부인과에서도 그 소아과 의사의 권유대로 바로 다음 날 아기를 낳기로 결정했다.

그런데 초음파를 찍어보니 아기의 위치가 바뀌어 있었다. 머리가 아래쪽에 있어야 하는데 180도 회전이 되어 다리가 아래로, 머리가 위로 돌아가 버린 것이었다. 두 주간을 종일 누워만 있는 바람에 벌어진 일인 듯했다. 아이가 거꾸로 있으니 수술하지 않으면 안 되는데, 그렇지 않아도 감염의 위험이 많은 상태에서 배를 열면 산모가 위험하다고 했다. 게다가 뱃속의 아이가 너무 작은 미숙아라 살 수 있을지 장담을 못 한다고 했다.

"이 상태로 정상 분만은 불가능하네요. 엄마의 바람대로 수술을 해야겠네요."

의료진과 가족 모두 감염 우려로 걱정했지만 나는 그렇지 않았다. 오히려 너무 감사했다. 이미 미숙아인 성은이를 낳았던 경험이 있기 때문에, 아이의 머리에 무리가 가는 자연분만보다는 반드시 수술로 아기를 살짝 꺼내주어야 한다고 내 의지를 말해온 터였다. 생명의 능력 되시는 하나님은 아기도 살리고 엄마도 살리는 방법을 너무 정확히 아셔서, 가장 정확한 시간에 아기와 산모 모두 안전하고 건강하게 수술을 마칠 수 있도록 도와주셨다.

무엇보다 나에게 희망과 용기를 준 것은 다름 아닌 신 목사가 친히 쓴 '성은이의 편지'였다. 지금도 그 편지를 떠올리면 움츠러들었던 어깨에 힘이 솟는다. 당당하고 멋지게 오늘을 살아갈 수 있다는 자신감으로 넘치게 된다.

우리 부부는 오늘도 유치찬란한 닭살 문자를 보낸다. 서로에게 힘을 실어주는 우리 부부만의 에너자이저인 닭살 문자. 그래서 하루가 멀다 하고 또 날려 보내는 모양이다.

이는 그리스도 예수 안에 너희의 믿음과 모든 성도에 대한 사랑을 들었음이요 너희를 위하여 하늘에 쌓아 둔 소망으로 말미암음이니 곧 너희가 전에 복음 진리의 말씀을 들은 것이라 _골로새서 1:5~6

제2장
소 망

8
어머니, 어머니, 우리 어머니

5월 8일. 때마다 어김없이 돌아오는 어버이날에 꽃을 달아드리거나 선물해드릴 시어머님, 시아버님, 친정엄마, 친정아빠가 우리에게는 아무도 안 계신다. 그래서 '있을 때 잘해'라는 농담 섞인 유머 한 마디에도 우리는 진심으로 가슴이 에인다. 막내딸인 나를 가장 아껴주시던 친정엄마야 이루 말할 것도 없지만, 친정엄마 못지않게 너무나 좋았던 시어머님도 아직까지 생생하게 내 가슴에 살아 계신다.

신 목사가 대학선교회 담임 목사로 열심히 목회하고 있을 때였다.

"신 목사, 잠깐 내 방으로 들어오세요."

하루는 조용기 목사님께서 직접 사무실로 전화를 하셨다. 무슨 일인가 해서 한걸음에 목사님실로 올라갔더니 이렇게 말씀하셨단다.

"내가 지금 막 일본에서 오는 길인데, 아무래도 신 목사가 일본에 좀 가야겠어요."

당시 신 목사가 CAM 대학선교회를 맡고 있었기에, 일본의 대학생들에게 세미나를 인도하고 오라는 줄로만 알았다.

"네, 곧 다녀오겠습니다."

"다녀오는 게 아니라 일본으로 떠나세요. 일본 선교사로!"

그 자리가 바로 일본 선교사 임명 선포식이었던 것이다.

"네!"

신 목사는 내 의사는 묻지도 않은 채 가겠다고 답변해버렸다. 그리고 나서 걱정스런 목소리로 내게 전화를 했다.

"여보, 너무 놀라지 말고 들어봐. 지금 막 조 목사님께서 하신 말씀인데, 우리 조만간 일본에 선교사로 가야 할 것 같아."

"일본 선교사요? 하나님이 가라시면 당연히 가야죠."

어떻게 겁도 없이 바로 그렇게 대답했는지 모르겠지만, 아마도 선교사가 뭔지 잘 모르고 대답한 게 분명하다. 게다가 세 살배기 성은이는 막 걸음마를 시작했을 뿐 오래 걷는 것은 물론, 뛰어다니는 건 생각도 못할 때였다. 게다가 둘째 예은이도 겨우 6개월이 채 되지 않은 신생아였다. 그러니 내 기도는 오직 한 가지일 수밖에 없었다.

"하나님, 일본에 가서도 아이를 돌봐줄 좋은 분을 만나게 해주세요."

역시 하나님은 내 기도에 응답하셨다. 그것도 상상도 못할 만큼 멋지게 들어주셨다.

"신 목사님, 어머님이 홀어머니시죠? 어머님도 함께 가실 수 있도록 선교 비자가 나왔어요."

이게 웬일인가. 선교국에서 걸려온 전화였다. 평생을 큰아들인 신 목사 밖에 모르고 사신 우리 어머님, 아들과 떨어져 있는 것은 상상도 못하는 분이었다. 선교 비자가 나왔다는 말은 어머님을 모시고 가라는 말과 다름없었다. 어머님의 간절한 기도응답이 분명했고 내 기도응답이기도 했다. 그렇게 어머님은 우리와 함께 일본행에 동행하셨다. 어머님은 또 한 명의 선교사인 셈이었다. 당시 30대 초반인 신 목사와 두 아기를 쌍둥이용 유모차에 태우고 다니는 20대의 어수룩한 내 모습이, 권사님들이나 집사님들 눈에는 얼마나 불안정해 보였겠는가. 어머님이 계셨기에 우리는 든든한 마음으로 떠날 수 있었다.

어머님은 낮에는 아이 둘을 맡아 키워주셨고, 밤에는 기도하러 오는 성도님들을 위해 밤새 함께 기도해주시며 상담해주셨다. 그야말로 선교사의 본분을 다하셨고, 개척교회에 꼭 필요한 귀한 사역을 감당하셨다.

하지만 우리 가족에게도 고부간의 갈등은 피할 수 없었다. 좁은 집에서 얼굴을 마주보며 많은 시간을 보내다 보니 소소한 일에 부딪히기도 했고, 의견 충돌도 생기기 마련이었다. 말도 잘 통하지 않는 이국땅에서 서로가 유일한 대화 창구였기에 더욱 그랬을 것이다.

어머님은 참 좋은 성품을 가진 분이셨다. 그 성품을 신 목사가 고스란히 빼어 닮았다. 나와 조금이라도 거북한 감정이 생기면 어머님은 얼른 내 손을 잡으셨다.

"우리 기도하자. 목사 집안에서 이렇게 불화가 있으면 덕이 안 되는 법이다."

어머님은 이렇게 기도하셨다.

"하나님, 다 이 어미의 잘못입니다. 이 어린 것이 뭘 알겠습니까? 다 제

어머님(가운데)과 함께, 우리 가족

탓이니 용서해주시옵소서."

그리고는 내 손과 등을 따뜻하게 두드려주셨다. 어머님의 그 기도 소리를 들을 때마다 나는 화들짝 놀라곤 했다.

'하나님이 내 기도에 어쩜 이렇게 정확하게 응답하셨을까?'

소름이 돋을 정도였다. 결혼 전, 남편감을 위한 기도 조건 중 하나로 믿음의 어머니를 달라고 기도했기 때문이었다. 구체적으로 어머님이 내 손을 잡으면서 "기도하자."고 말할 수 있는 분이길 간구했었다. 기도는 고부간의 갈등도 해결해주는 열쇠가 되어주었다.

어머님께 참 부족한 며느리였는데……. 어머님은 시누이들이나 그 밖의 가족들에게 늘 최고의 며느리가 들어왔다며 칭찬을 아끼지 않으셨다. 참 고마우신 우리 어머님……. 늘 기도밖에 모르셨던 우리 어머님……. 당뇨병으로 고생하시면서도 한 번도 아픈 내색 안 하시고 무엇이든지 맛있게 드시며 기쁘게 사셨던 우리 어머님……. 어머님의 기도와 도움의 손길이 있었기에 나이 어린 우리의 해외 목회가 가능했고 성공할 수 있었다. 비록 일본에서 당뇨가 심해지셔서 한국으로 먼저 돌아가시게 되었지만, 5년 넘도록 투석하시면서도 늘 신 목사의 목회를 위해 기도하셨다. 향년 75세로 하나님 품으로 돌아가셨지만, 선교지에 함께하시며 우리에게 큰 힘과 소망을 주신 어머님께 이 시간 다시 한 번 고개 숙여 감사를 드린다.

"사랑하는 어머님, 감사합니다."

여호와가 너를 항상 인도하여 메마른 곳에서도 네 영혼을 만족하게 하며 네 뼈를 견고하게 하리니 너는 물 댄 동산 같겠고 물이 끊어지지 아니하는 샘 같을 것이라 _이사야 58:11

9
성은이 어머니는 얼굴에 옷 입고 다니세요?

매년 느끼는 거지만, 요새는 3월에도 희한하게 눈발이 휘날리고 한겨울처럼 몹시 춥다. 이렇게 추운 3월이 되면 언제나 기억 속에 살포시 떠오르는 얼굴이 있다. 오사카에서 선교할 때 성은이가 다니던 보육원의 스가 원장 선생님이다. 아무리 추워도 아이들에게 절대 긴 바지를 못 입게 하신 그 선생님 덕분에, 지금도 우리 아이들은 웬만한 추위에도 잘 견디며 여간해서는 감기에 걸리지 않기 때문이다.

신 목사와 어머님, 그리고 잘 걷지 못하는 성은이와 첫 돌도 안 된 예은이, 이렇게 다섯 식구가 오사카 공항에 도착한 때는 1989년 10월 4일 밤이었다. 한국에 비해 쌀쌀한 편은 아니었다. 가을이라기보다 오히려 늦여름 밤처럼 포근하다고 할까. 큰 꿈을 가지고 오사카 공항에 내리긴 내렸는데 당장 우리 식구가 머리 둘 곳이 없었다. 그런데 웬일인지 전임 목사님이 아직 사택을 나가지 않은 상태라는 것이었다. 다행히 한 성도님의 배려로 두 주가량 머물 숙소를 구할 수 있었다. 일본에 직업을 구하러 오는 아가씨들이 임시로 거처하는 곳이었다. 하지만 그것만도 감사했다.

곧 매섭기만 한 일본의 겨울이 돌아왔고, 다다미방 바닥이 얼마나 차가운지 몰랐던 우리는 어떻게 난방을 해야 할지 전혀 알지 못했다. 그러던 어느 날 주무시던 어머님 입이 갑자기 돌아가 버렸다. 알고 보니 일본의 다다미방에서는 겨울철에 전기장판을 깔지 않으면 안 되었던 것이다. 그 외에도 머리 감다 말고 갑자기 찬물이 나오는 바람에 소스라치게 놀랐던 일, 바람에 꺼져가는 불씨를 겨우 살려 뜨거운 물을 나오게 했던 기억, 찬물과 뜨거운 물이 각각 따로 나오는 수도꼭지 등, 웃지 못할 일본의 첫 겨울의 추억거리로 남아 있다.

이렇게 일본 생활에 적응하느라고 모두가 정신이 없었다. 나도 신 목사도 어머님도 익숙지 않은 타국 생활이었다. 또한 새로 부임한 교회에 여러 가지로 신경 쓰느라 아이들의 교육은 감히 생각도 못하고 있었다. 그렇게 시간이 흐르고 이듬해 3월, 성은이가 어느덧 네 살이 될 무렵이었다.

지적 장애아인 성은이를 마냥 집에서 놀고만 있게 해서는 안 된다는 생각이 불현듯 들기 시작했다. 용기가 필요했다. 성은이가 다닐 만한 교육기관을 알아봐야겠다는 생각에 부랴부랴 구청 교육계를 찾아갔다. 성은이가 어떤 아이인지 설명하고 교육기관을 소개해달라고 했다. 나름대로 손짓발짓을 섞어가며 열심히 부탁했다. 고작 몇 달 전부터 일본어 학교를 다닌 실력이었으니, 아무리 내 나름 유창하게 이야기했다고 해도 상대방은 전혀 못 알아듣는 눈치였다. 답답했던지 그쪽에서 한국어 할 줄 안다는 사람을 직접 데려왔다. 하지만 더 기막힌 상황이 벌어졌다. 그 사람의 한국말은 내가 못 알아듣고, 내 일본말은 그 사람이 못 알아듣는 것이었다. 하는 수 없이 한국어와 일본어가 나란히 적힌 종이를 가져오고 나서야 겨우 하고 싶은 말을 손가락으로 가리키면서 의사소통을 할 수 있었다. 말도 제대로 못하는 주제에 구청을 찾아갈 용기가 어디서 나왔는지 지금 생각해도 황당하다. 그래서 엄마는 용감하다는 말들을 하는 모양이다.

어쨌든 그 구청에서 가장 가까운 곳이라며 소개한 곳이 바로 니혼바시에 있는 아이젠바시 보육원이었다. 맞벌이 부모의 자녀들을 오전 9시부터 오후 5시까지 맡아 주는 곳이었다. 교회 일과 일본어 공부 때문에 전전긍긍하던 내게는 정말 고마운 곳이었다.

아이젠바시 보육원 스가 원장님과 아이들. 맨 오른쪽이 성은이, 뒤돌아보는 예은이

나는 곧바로 성은이를 데리고 그 보육원을 찾아갔다. 성은이의 장애 상태를 살펴보신 원장 선생님은 보육원에 다니는 데 별 문제가 없다면서, 내일부터 성은이를 보육원에 보내라고 말씀하셨다. 성은이는 일본말은커녕 한국말도 제대로 못할 뿐 아니라 걷는 것도, 대소변 훈련도 덜 되었는데도 원장 선생님은 감사하게도 입학을 허락하셨다.

일본에서는 크리스천을 찾기가 '하늘의 별 따기'만큼 힘든 나라다. 특

식사기도 하는 아이젠바시 보육원 아이들

히 기독교 재단의 유치원이나 보육원을 찾기란 더더욱 어렵다. 그런데 구청에서 우리 집 주소지만 보고 소개해준 아이젠바시 보육원은 기독교 재단의 보육원이었다. 그들이 성은이 아빠가 목사라는 것을 알 턱이 있었겠는가.

일본에서 기독교 보육원을 가는 것은 마치 모래사장에서 동전 찾듯이 정말 하나님이 발걸음을 인도하지 않고서는 결코 있을 수 없는 일이었다. 너무나 신기하고 놀라웠다.

아이젠바시 보육원에서는 점심시간마다 식사 기도를 했는데, 그 모습이 참 정겨워 보였다. 원장 선생님께서 직접 아이들에게 식사 기도를 가르쳐주셨다. 원장 선생님이 한 소절 먼저 말씀하시면 아이들이 그대로 따라했다.

"텐노 카미사마- 텐노 카미사마(하나님 아버지)."

"쿄오모- 쿄오모(오늘도)."

"오이시이 고항오 구다사떼- 오이시이 고항오 구다사떼(맛있는 밥을 주셔서)."

"아리가또 고자이마스- 아리가또 고자이마스(감사합니다)."

이렇게 매일 원장 선생님의 기도를 따라하다 보니 어느덧 아이들은 스스로 기도할 수 있게 되었다. 또한 운동회도 꼭 원장 선생님의 기도로 시작되었다. 뿐만 아니라 원장 선생님은 성탄절마다 아이들에게 예쁜 가운을 입히고 임시 성가대를 조직해 성탄 예배를 드렸고, 아이들에게 예수님의 탄생에 대한 이야기도 해주셨다. 집에서 가장 가까운 곳에 있는 보육원이 기독교 재단이라니……. 이는 성은이를 향한 하나님의 세심한 인도하심이 분명했다.

그런데 문제는 그해 3월이었다. 일본 역시 3월은 추운 때였다. 당시 대소변을 잘 가리지 못했던 성은이는 늘 옷이 축축하게 젖어 있었다. 아무리 남쪽 나라 하더라도 성은이가 느끼는 체감 온도는 훨씬 낮았을 터였다.

'성은이는 일반 아이들보다도 훨씬 더 손이 많이 갈 텐데……. 선생님을 번거롭게 해드리지 않으려면 종이 기저귀라도 채워 보내야 하지 않을까.'

난 바쁜 선생님의 손을 덜어드리려는 마음으로 아침마다 아이에게 종이 기저귀를 채우고 두툼한 내복을 입혔으며, 가방에도 넉넉하게 종이 기저귀를 넣어 보냈다. 그런데 성은이를 데리러 오후 늦게 보육원에 가보면 선생님은 종이 기저귀는 아예 채울 생각도 않으시고, 내복이며 긴 바지며 다 벗겨버리고는 그 추위에 짧고도 짧은 반바지만 입혀놓고 계셨다. 성은이가 집에 돌아오면 가방 안에는 젖은 바지가 하나 가득이었고, 항상 감기가 떠나질 않아서 누런 코가 그렁그렁했다. 나는 너무 속상한 나머지 담임 선생님께 성은이는 특히 몸이 약한 아이니까 특별히 긴 바지를 입게 해달라고 몇 번이나 당부를 드렸다. 하지만 전혀 달라지지 않았다. 담임 선생님께 아무리 말씀드려봐야 아무 소용없다고 생각한 나는 용기를 내 원장 선생님을 직접 찾아갔다. 그리고는 역시나 더듬거리는 일본어로 이렇게 말했다.

"우리 아이는 그냥 긴 바지 입고 있게 해주세요. 아직 대소변도 못 가리는데……. 바쁘신 선생님들께도 너무 죄송하구요, 종이 기저귀 채워주셔도 돼요. 사실 요새 아이한테 항상 감기가 떠나질 않고 있어요. 일본에 온 지 몇 개월 되지 않아서 추운 날씨에 적응을 잘 못 하고 있거든요. 부탁이에요, 선생님……."

그랬더니 원장 선생님은 정색을 하면서 내게 이렇게 말씀하셨다.

"엄마가 늘 그런 식으로 하시니까 성은이가 아직도 대소변을 못 가리는 거예요. 종이 기저귀는 절대 채우지 마시고 가지고 오지도 마세요. 어머니는 춥다고 얼굴에 옷 입고 다니시나요? 아무리 추워도 얼굴에는 옷 안 입잖아요."

그러면서 자신의 허벅다리를 때리며 계속 말씀하셨다.

"우리의 얼굴과 이 다리는 추위를 잘 안 타는 곳이에요. 아무리 내놓고 다녀도 다리는 추위를 잘 느끼지 못해요. 별문제 될 일 없으니 그냥 학교에서 지시하는 대로 반바지 입혀 보내세요. 성은이의 건강에 아주 좋을 테니까요."

나는 너무나 어이가 없고 기가 막혔다. 하지만 원장 선생님의 말씀을 듣고 가만히 생각해보니, 거리를 지나는 일본 아이들 모두가 허벅지를 다 내놓은 반바지나 짧은 치마차림이었다. 게다가 일본 초등학교 하복은 아예 긴 바지가 없었다. 남자 아이들은 다 반바지, 여자 아이들은 모두 짧은 미니스커트였다 (하긴, 오사카는 아무리 추워도 겨울에 얼음이 어는 법이 없다). 이런 나라에 온 이상 이 나라 법을 따르는 수밖에 도리가 없었다.

그런데 시간이 지나자, 보육원 선생님의 정성이 참 감동이었다. 성은이가 혹 바지에 실수를 하더라도 보육원 선생님은 젖은 빨래를 절대 그냥 보내는 일이 없었다. 반드시 한 번 빨아서 탈수까지 해서 보내셨다. 성은이가 오랜 시간을 그곳에서 보내고 있었으므로 빨랫감이 적은 양이 아니었기에 상당히 귀찮으셨을 텐데 말이다. 너무나 수고하고 계시는 선생님들께 진심으로 고마워했어야 함에도 난 아무것도 모르고 오히려 감기가 안 떨어진다며 속상해했던 것이다.

오사카에서 울며 겨자 먹기로 반바지만 입고 살았던 성은이는 한국에 돌아와서는 예전에 비해 감기로 고생하는 일이 적었다. 둘째 예은이 역시 한국에 돌아와서 지금껏 감기로 크게 고생한 기억이 없다. 게다가 친절한 일본 선생님들의 사랑과 헌신 덕분에 성은이는 정말 그곳에서 기저귀를 빼고 대소변을 가릴 수 있었다.

지금도 3월이 오면 오사카 보육원에서의 일이 생각난다. 추운 날씨에 반바지만 입고 덜덜 떨며 보육원에 다니던 우리 아이들의 모습, 그리고 본인의 다리를 때리면서까지 겨울에도 허벅지를 내놓고 다녀야 함을 특히 강조하셨던, 늘 아이들을 위해 기도해주시던 원장 선생님의 얼굴이 지금도 생생하게 떠오른다.

　대학교 3학년이 된 예은이는 지금도 짧은 치마나 반바지 입고 다니기를 꽤나 좋아한다.

이는 이제 교회로 말미암아 하늘에 있는 통치자들과 권세들에게 하나님의 각종 지혜를 알게 하려 하심이니 곧 영원부터 우리 주 그리스도 예수 안에서 예정하신 뜻대로 하신 것이라 _에베소서 3:10~11

10
막힌 하수구도 사용하시는 하나님

주는 평화 막힌 담을 모두 허셨네. 주는 평화 우리의 평화,
염려 다 맡겨라 주가 돌보시니 주는 평화 우리의 평화~ ♪

이 곡은 부르면 부를수록 은혜로운, 내가 참 좋아하는 곡이다. 이 곡을 부르고 있으면 막힌 속이 확 트이고 주님의 평화가 마음속에 임하는 것을 느낄 수 있기 때문이다. 그런데 꽉 막힌 담도 모두 허시는 우리 주님은 왜 우리 집의 꽉 막힌 하수구는 시원하게 안 뚫어주시는 걸까. 목욕할 때마다 물이 잘 안 내려가는 일본의 답답한 하수구를 보면서 그런 불만을 토로했었다.

당시 성은이는 말을 잘 못했고 다리가 약해 잘 걷지 못했으며, 손의 힘도 무척 약했다. 그래도 착한 성은이는 티 없이 너무나 귀엽게 잘 자라주었다. 하지만 해가 다르게 점점 심하게 말썽을 피웠는데, 일반 아이들이 피우는 말썽과는 사뭇 차원이 달랐다. 잠시 한눈을 팔면 쌀통의 쌀을 모두 엎어서 주무르거나 밀가루 통을 온몸에 뒤집어썼고, 냉장고에서 케첩

을 꺼내 벽에 바르거나 이불장에 들어가서 놀다가 이불을 모두 끄집어냈다. 그래도 이런 일들은 몸은 고되더라도 그리 위험한 일이 아니니까 별 문제될 것은 없었다.

그러나 성냥이나 초가 보이면 바로 불장난을 한다거나, 높은 곳에 올라가서는 못 내려온다거나, 조그마한 물건들을 입에 넣어 삼킨다거나 하는 일들은 큰 사고와 직결되기 때문에 정말이지 한순간도 성은이에게서 눈을 뗄 수 없는 상황이었다. 길에서도 손만 놓으면 무조건 앞으로 걸어갔고, 혹시 길을 잃더라도 자신이 미아라는 사실을 인식하지 못해 울지도 않고 엄마를 찾지도 않았다. 때문에 잠시라도 한눈을 팔면 아이가 눈앞에서 순식간에 없어지기 일쑤였다. 그래서인지 성은이가 없어지는 꿈을 거의 매일 꾸곤 했는데, 다행히도 꼭 성은이를 찾은 후에 꿈에서 깨어났다.

무엇보다도 성은이의 가장 큰 문제는, 어른들이 피곤에 지쳐 곤히 자는 새벽에 꼭 사고를 친다는 사실이었다. 그 엄청난 하수구 사건이 벌어진 날도 바로 주일 새벽이었다. 개척교회인지라 부교역자 없이 신 목사 혼자 힘겹게 목회를 하고 있을 때였다. 그날도 여느 토요일 밤과 다름없이 신 목사는 설교 준비로, 나는 주일예배 준비로 하얗게 밤을 꼬박 샜고, 주일 새벽 동이 틀 때에서야 비로소 잠깐 눈을 붙이러 집에 들어갔다. 어머님도 곤히 주무시고 계셨고, 우리 부부 역시 누가 업어가도 모를 만큼 잠에 취해버렸다. 모두 잠든 그 새벽에 혼자 일어난 성은이는 욕조 안에 들어가 물을 틀어놓고 홀로 목욕을 하기 시작했다. 물을 너무 좋아하는 성은이였다.

일본 목욕탕은 우리나라 목욕탕과 구조가 달라서 세면대는 세수만 할 수 있도록 목욕탕 밖에 따로 마련되어 있었다. 즉, 세면대 바닥에는 마루가 깔려 있고 물이 빠지는 하수구가 없었다. 그렇지 않아도 물 빠짐이 좋지 않은 욕조에, 새벽 4시부터 우리가 일어날 때까지 계속 물을 틀어놓았으니 어떠했겠는가. 물은 목욕탕 바닥으로 넘치더니 마루까지 넘쳐나고 결국 부엌까지 넘어와서, 우리가 일어났을 때는 집 전체가 이미 물난리가 나 있었다. 문제는 성은이가 문을 잠가버려 갇힌 것이었다. 손에 힘이 없는 성은이는 목욕탕 문을 결코 혼자 열 수 없었다. 모두가 혼미해진 그때 갑자기 어머님이 부엌칼을 들고 나오셨다.

'에고, 어머님. 부엌칼로 뭘 하시려구요?'

어머님의 행동에 의아해하는 순간, 잠긴 문이 덜커덕 열렸다. 역시 지혜로우신 우리 어머님……. 위기가 닥치면 무엇이든 어머님에게는 합당한 도구가 되는 모양이다. 부엌칼이 열쇠가 되어준 셈이었다.

하필 주일 아침이어서 허둥지둥 마루의 물을 훔치고는 부랴부랴 아이 둘을 데리고 교회에 갔다. 그날따라 일이 많아서 온가족이 종일 교회에서 봉사하고 저녁 늦게 집으로 돌아오게 되었다. 온통 물바다였던 집 안은 어느새 말라 있었다. 우리는 그날 새벽에 일어났던 엄청난 물난리를 새까맣게 잊고 말았다. 그런데 정말 큰 문젯거리는 다음 날 아침에 알 수 있었다.

월요일 아침부터 누군가 우리 집 현관문을 시끄럽게 쾅쾅쾅 두드렸다. 문 앞에는 집주인이 일본 남자 몇 분과 함께 씩씩거리며 서 있었다.

"잠깐 2층으로 내려가서 저희 사무실 상황을 좀 보시지요."

무언가 심상치 않은 조짐이 있다는 걸 직감한 우리 부부는 그들이 인도한 대로 2층으로 내려갔다. 그런데……. 성은이가 말썽부린 욕조 자리가 하필 설계사 사무실이었다. 우리 집에서 넘친 물이 2층 설계사 사무실로 고스란히 내려갔던 것. 그 결과 비싼 컴

설거지하는 예은이

퓨터 두 대가 망가졌고, 애써 완성한 설계도면도 모두 젖어 못 쓰게 되었다. 엄청난 일이 벌어진 것이었다. 당장 컴퓨터 두 대 값과 설계도면 값을 물어내지 않으면 안 되었다. 손해배상 비용은 상상도 못할 만큼 어마어마했다. 그야말로 이미 엎질러진 물이 아닌가. 머리를 조아리고 사죄해야 할 상황이었다. 그런데 하나님께서 신 목사에게 지혜를 주셨다.

"물론 저희가 잘못했지만, 하수도라는 것이 물이 잘 내려가라고 있는 게 아닙니까? 이 집 하수도도 어느 정도 문제가 있는 게 아닐까요? 그러니 꼭 우리 입주자만의 잘못은 아닌 것 같습니다."

누가 들어도 얼마나 경우에 합당한 말인지……. 이런 상황이 일어날 줄도 모르고 이 고마운⑦ 하수구에 물 빠짐이 좋지 않다며 불평을 해댔던 것이다.

며칠 후, 일본 남자 두어 명이 찾아와서는 손전등으로 목욕탕 하수구를 비추면서 꼼꼼히 살피다가 돌아갔다. 보름 뒤 또 그 남자들이 찾아와서는 똑같은 검사를 하고 돌아갔다. 뭔가 의심쩍어서인 듯했다. 정말로 하수구

에 문제가 있는 것인지, 아니면 우리가 그 상황을 피하려고 일부러 하수구를 막아놓은 것인지 확인하는 것 같았다. 후자의 경우, 대개 보름쯤 지나면 다시 물 빠짐이 좋아지기 때문이다. 하지만 우리는 거짓말을 한 것이 아니었으므로, 하수구의 물 빠짐이 좋지 않음을 확인한 그들은 그대로 가사보험 처리를 해주었고, 덕분에 우리는 어마어마한 금액을 물지 않아도 되었다. 살아계신 하나님은 이렇게 때에 따라 물 빠짐이 좋지 않은 막힌 하수구도 사용하셨다.

갑자기 예전에 읽었던 책 내용이 생각난다. 코리 텐 붐 여사가 독방에 갇혀 있을 때 방에 바퀴벌레가 많아도 불평하지 않고 감사했더니, 간수들이 벌레 때문에 그 방에 자주 오지 않아 기도와 찬양을 더 크게 할 수 있었다는 내용이었다. 하나님은 어떠한 환경에 처하든지 내가 그런 감사를 하길 원하셨던 것이다. 물난리 사건을 통해 나는 연고지도 없는 어렵고 힘든 선교지에서 감사하는 법을 확실히 몸에 익히게 되었다.

그날 이후로 성은이는 욕조가 넘치도록 물을 트는 법이 없다. 물난리 사건을 계기로 욕조가 가득 차면 물을 바로 잠가야 한다는 것을 스스로 깨달은 것이다.

지금도 종종 머리카락이 많이 끼면 하수구가 막힌다. 그러면 난 그때 일을 떠올리며 이 찬양을 부르면서 머리카락을 빼내곤 한다.

주는 평화, 막힌 담을 모두 허셨네, 주는 평화 우리의 평화~♪♪

뒤에 타고 있는 건 사람이 아닌 배추다

일본에 처음 가는 사람은 누구나 지하철 역 앞에서 놀라게 된다. 일본 지하철 역 앞에는 수십 대의 자전거가 즐비하게 늘어서 있다. 직장인들이 출퇴근을 위해 세워놓은 것이다. 집에서 역까지 자전거를 타고 갔다가 자전거를 세워두고 출근하고, 퇴근할 땐 다시 자전거를 타고 집에 오기 위함이다.

  자전거로 등하교하는 남학생들은 말할 것도 없고, 짧은 미니스커트 교복을 입고 예쁘게 다리를 모은 채 자전거를 타고 등하교하는 여학생들, 양복에 멋진 넥타이를 매고 자전거로 출근하는 회사원들, 자전거를 타고 학교에 나오시는 교장 선생님 이하 많은 선생님들, 자전거로 사무실에 출근하는 시의원들……. 정말이지 직업과 직급에 상관없이 대부분의 일본인들이 차를 두고 이렇게 자전거를 타고 다닌다. 뿐만 아니다. 아이 셋을 낳은 엄마들도 자전거를 탄다. 아이 둘은 자전거 앞뒤로 앉히고 한 명은 등에 업고서다. 비라도 내리는 날이면 한 손에는 우산을 들고 한 손으로 운전하며 쇼를 하듯 등하교시키는 엄마들이 적지 않다.

상황이 이렇다 보니, 성은이를 매일 보육원에 보내야 하는 나 역시 자전거를 배워야 했다. 마음을 단단히 먹고 일단 자전거 한 대를 구입하고는, 뒤에 아이를 태울 수 있는 예쁜 의자 하나를 장착했다. 그리고 자전거 등록을 했다. 일본에서는 자전거 한 대도 마치 자동차 등록을 하듯이 자전거 고유번호와 주인의 이름을 신고해야 했다. 그래야만 자전거를 분실하더라도 신고해서 찾을 수 있기 때문이었다. 그만큼 일본은 자전거를 타는 사람도 많지만 분실하는 사람도 많고, 훔쳐가는 사람도 많은 듯했다.

우리 집 앞에는 비둘기들이 자주 놀러오는 커다란 공원이 있었는데, 그곳이 자전거 연습하기에는 안성맞춤이었다. 오래전 일이긴 하지만 어릴 적 언니 오빠들과 여의도 광장에서 자전거를 탔던 경험이 있어서인지 그럭저럭 중심이 잡혔고, 금세 자전거가 앞으로 나가기 시작했다. 나는 너무나 신기했다. 그런데 나 혼자 타는 것이 아니지 않은가. 문제는 자전거 뒤에 성은이를 태워야 한다는 것이었다. 아무리 생각해도 내게는 불가능한 것 같았다. 혹시 중심을 못 잡고 실수로 넘어지기라도 하면? 생각만 해도 가슴이 철렁였고 아찔했다.

한참을 생각하다가 마침내 좋은 방법이 떠올랐다. 우선 슈퍼에 가서 이것저것 잔뜩 장을 본 후 성은이가 앉을 의자에 가득 싣고 다녀보기로 했다. 처음에는 뒤가 너무 무거워서 중심이 안 잡히고 뒤뚱거렸지만, 얼마 지나지 않아 중심을 잡을 수 있게 되었다. 그렇게 3개월가량 연습하고 나서야 성은이를 뒤에 태우고 공원을 한 바퀴 돌아볼 수 있었다. 가슴이 '콩닥콩닥' '불안불안' 난리가 났지만, '지금 내 뒤에는 성은이가 아

성은이가 언어 훈련하는 모습

닌 김치 담글 배추가 실려 있다!'고 마음을 다잡자 다소 안정이 되었다. 좀 무겁고 느리긴 했지만 자전거가 앞으로 나가긴 했다.

어느 정도 자전거 예행연습이 마무리되고, 마침내 처음으로 성은이를 자전거로 등교시키게 되었다. 역시 꼭 이루어내리라고 마음먹으면 못 할 게 없나 보다. 그 후 나는 1년 내내 아무 문제없이 성은이를 자전거에 태우고 등하교시키는 훌륭한(?) 엄마가 되었다.

그즈음 예기치 않은 숙제가 생겼다. 막내 예은이를 봐주시던 어머님이 잠시 한국에 들어가게 되신 것이었다. 나는 아침에는 일본어 학교에서 언어 공부를 하고 오후에는 신 목사와 함께 심방을 다녀야 했기 때문에, 예은이가 혼자 있어야 할 상황이 되어버렸다. 하지만 그렇게 할 수는 없었다. 하는 수 없이 성은이가 다니고 있는 보육원에 문의했더니 예은이도 입학할 수 있다는 답변을 들었다. 만 한 살부터 가능하다고 했다. 그런데 문제는 나의 자전거 실력이었다. 성은이 한 명만 태워도 사람이나 자전거를 마주치면 당황하는 게 다반사였다.

"어어어어~~~~"

그럴 때면 입에서 이상한 소리가 저절로 튀어나오곤 했다. 그래도 내가 해결해야 할 일이었다. 상황이 상황인지라 나는 자전거 앞에 의자 하나를 더 장착했다. 그리고는 두 아이에게 자신 있게 말했다.

"얘들아, 너무 무서워하지 마. 엄마가 누구니? 잘할 수 있거든?"

말은 그렇게 했지만 속은 뒤집어졌다. 몸무게만 해도 장난이 아닌데……. 성은이와 예은이와 나, 게다가 젖은 빨래까지……. 과연 자전거 바퀴가 견딜 수 있으려나? 정말 별의별 의심이 다 들었다. 그런데 막상 아이 둘을 태우고 공원을 돌아보니 그동안의 염려와는 달리 바퀴도 멀쩡하고, 한 명이나 두 명이나 별반 차이가 없는 것이었다. 하지만 두 아이를 태우고 다니자니 자전거 타는 폼은 어쩔 수 없이 엉성했다. 한 명만 태웠을 땐 그런대로 나도 여고생들처럼 두 다리를 예쁘게 모으고 우아하게 자전거를 탈 수 있었는데, 앞에 또 한 명을 태우니 도저히 다리를 모을 수가 없었다. 의자 때문에 저절로 양 다리가 쫙 벌어졌고 스타일도 완전히 구겨졌다. 결국 아이 둘을 자전거에 태우고 치마를 입는 건 절대 불가능하게 되었다. 이래서 '엄마는 위대하다'고 했나 보다. 아이를 위해서라면 어쩔 수 없이, 죽어도 해야 된다며 무엇이든 도전하니까 무서울 것도 못할 것도 없었다.

그렇게 어느 정도 세월이 지나자, 두 딸을 보란 듯이 자전거 앞뒤에 태우고 손잡이 양쪽에는 젖은 바지를 담은 비닐봉지도 걸고, 아무렇지 않게 다리를 쫙 벌리고 길거리를 활보하는 일본식 엄마가 되어가고 있었다.

12
자랑스런 꼴찌

언젠가 국민일보에 「아름다운 꼴찌」라는 제목의 어느 목사님의 글이 실린 적이 있었다. 운동회 날, 1등으로 잘 달리던 아들이 넘어진 친구를 일으켜주느라 둘이 함께 꼴찌로 들어서는 장면을 보면서 감동받았다는 내용이었다. 그 글을 읽는 순간, 일본에 있을 때의 가을 운동회 장면이 떠올랐다.

"내일부터 가을 운동회 연습이 있으니 아이들 결석하지 않도록 주의해 주세요."

가을 운동회라니? 당시 성은이는 걸을 수는 있었지만 다리 힘이 많이 약해서 오래 걸을 수 없을 뿐더러 전혀 달릴 수가 없었다.

'성은이가 운동회를? 어림도 없는 일.'

나는 성은이 같은 장애 아이는 적당히 빠져주는 게 도움이 될 거라고 나름 착한(?) 생각을 하고는 의도적으로 운동회 연습날 결석시켰다. 그런데 담임 선생님의 생각은 달랐다. 왜 성은이를 보내지 않았냐며 난리였다. 연습에 차질이 있다는 것이었다. '장애'를 핑계로 담임 선생님께 말씀드려봤자 분명히 괜찮다고 하실 것 같아서 나는 하는 수 없이 또 원장 선생님을 찾아뵈었다.

"저, 성은인 아무래도 운동회에 참석하지 않는 게 좋을 것 같아요. 몸도 약하고, 아직 뛰기는커녕 잘 걷지도 못하는데……."

그 말이 떨어지기가 무섭게 원장 선생님은 내게 불호령을 내리시며 야단을 치셨다.

"무슨 일이 있어도 이번 운동회에 성은이를 꼭 참석시키셔야 합니다! 엄마가 매번 그런 식으로 맘 약한 소리를 하시니까 성은이의 장애가 별 진전이 없는 거예요. 성은이 자신에게도 성취감이 중요하거든요."

솔직히 말하면, 운동장을 가득 메울 수많은 학부모들 앞에서 아직 잘 걷지도 못하는 장애 딸을 공개적으로 내보일 용기가 없었던 게 더 큰 이유였다. 원장 선생님은 그런 나를 너무나 잘 꿰뚫어보신 것이었다. 나는 자포자기하는 마음으로 하는 수 없이 성은이를 보육원에 보냈다.

드디어 운동회 날이 되었다. 일본은 공휴일에 운동회를 하기 때문에 엄마 아빠 할 것 없이 정말 많은 학부모들이 운동장을 가득 메웠다. 곧 장애물 경기가 시작되었다. 여섯 명이 한 조가 되어서 세발자전거를 타기도 하고 뛰기도 하며 터널을 통과하면서 목적지까지 가는 것이었다. 물론 이 모든 경기는 발육이 늦은 성은이에게는 벅차기만 했다.

드디어 성은이가 속한 그룹 차례가 되었다. 같은 조에 속한 다른 아이들은 벌써 다 결승점에 도달했는데, 성은이 혼자만 멀리 뒤처져서 아직도 한참 남은 길을 뒤뚱거리며 걸어오고 있었다. 그놈의 거리는 왜 그렇

성은이는 그 누구의 도움도 받지 않고 완주할 수 있었다.
전혀 부끄러워하지 않은 성은이. 학부모들의 우레와 같은 박수소리.
나는 표현할 수 없을 만큼 기쁘고 고마웠다.
그날 성은이는 누가 뭐래도 '아름다운 꼴찌'였다.

게 긴지, 그놈의 시간은 왜 그렇게 안 가는지, 성은이를 쳐다보는 사람들은 또 왜 그리 많고도 많은지…….

'어떡하지? 어떡하지? 역시 성은이를 참석시키는 게 아니었어.'

나는 얼굴이 달아올라 이 광경을 차마 눈 뜨고 바라볼 수 없었다. 그런데 갑자기 일본 학부모들이 모두 일어나서 성은이에게 격려의 박수를 보내주기 시작했다.

"하나둘, 하나둘, 힘내라 힘, 힘내라 힘!"

성은이의 걸음에 맞춰 박수치며 응원해주는 것이었다. 부끄러워하던 내 자신은 금세 초라해졌다.

"성은이, 힘내라. 성은이, 힘내라!"

선생님들도 힘껏 외치면서 응원해주셨다. 비록 시간이 아주 오래 걸리긴 했지만, 마치 힘찬 박수 소리에 보답이라도 하듯 성은이는 그 누구의 도움도 받지 않고, 전혀 부끄러운 기색 없이 최선을 다해 마지막 하얀 선까지 완주할 수 있었다. 모든 학부모들은 끝까지 완주한 성은이에게 다시 한 번 우레와 같은 박수를 보내주었다. 나는 말로 표현할 수 없을 만큼 기쁘고 고마웠다.

성은이가 지금 이토록 구김살 없이 밝은 성격의 소유자가 될 수 있었던 것은, 그때 꼭 운동회에 참석시켜야 한다고 말씀해주셨던 고마운 원장 선생님과, 함께 손뼉 치며 응원하는 많은 학부모들 앞에서 처음으로 느낀 성은이의 성취감 덕분일 것이다. 그날 성은이는 누가 뭐래도 '자랑스러운 꼴찌'였다.

그 후 성은이는 초등학교 5학년 때 한국에 돌아오기까지 한 해도 거르지 않고 운동회에 참석했다. 비록 매번 꼴찌로 들어오긴 했지만 늘 자랑스럽게 운동회에 참석했다. 지금 와서 생각해보니 보육원 원장 선생님도 다리가 불편한 장애인이셨다.

너희가 나를 택한 것이 아니요 내가 너희를 택하여 세웠나니 이는 너희로 가서 열매를 맺게 하고 또 너희 열매가 항상 있게 하여 내 이름으로 아버지께 무엇을 구하든지 다 받게 하려 함이라 _요한복음 15:16

13
다마네기 상

한 나라의 언어를 배운다는 것은 결코 쉬운 일이 아니다. 일본어도 마찬가지이다. 우리나라 말과 어순이 비슷하다고 해서 일본어를 얕잡아봤다가는 큰코다친다. 특히 일본 사람의 이름은 길고 복잡해서 더더욱 헷갈린다. 우리의 경우 갑작스레 일본 선교사로 발령받은 터라 일본어에 대한 기본적인 이해도 없어서 더욱 어려웠다. 때문에 생활하면서 잘못된 일본어와 관련된 해프닝이 많았다.

우리와 비슷한 상황이었던 한 목사님은 "오스와리 구다사이(앉으세요)."라고 말해야 할 것을, "오시리 구다사이(엉덩이를 주세요)."라고 해서 듣는 이들의 폭소를 자아냈다고 한다. 물론 우리에게도 이와 비슷한 웃지 못할 일들이 있었다. 신 목사가 일본인들과 맛있게 식사하고 있을 때였다. "더 드세요."라고 말하는 일본인에게, "와다시와 오나까가 이빠이데스(난 배가 너무 부릅니다)."라고 해야 할 것을 "와다시와 오까네가 이빠이데스(난 돈이 엄청 많습니다)."라고 한 것이었다. 다행히 평소에 워낙 유머러스한 신 목사가 그저 유머를 하는 줄 알고 모두들 깔깔대며 웃었다.

그런데 한번은 얼렁뚱땅 감출 수 없을 만큼 큰 실수가 일어났다. 개척 교회라 성도가 얼마 되지 않을 때였다. 우리는 예배를 마치면 항상 성도들과 한 분 한 분 인사를 나누며 악수를 했는데, 그날은 우리 교회에 처음 나온 한 일본 여성과 인사를 나누게 되었다. 그 여성은 신 목사와 내 손을 잡으면서 자기소개를 했다.

"하지메마시데. 와다시와 다네가시마데스(처음 뵙겠습니다. 제 이름은 다네가시마 입니다)."

그렇지 않아도 성도가 몇 안 되어 고민이었는데 일본 여성이 새로 오다니……. 우리는 정말 감개가 무량했다.

'교회가 부흥하려는 조짐인가?'

우리 부부는 방아깨비마냥 동시에 허리를 굽히고 머리를 조아리며 다음 주에도 꼭 오시라고 인사했다. 그런데 집에 돌아오니 그분의 이름이 도저히 생각이 안 나는 것이었다.

"근데 아까 그 일본 여성분 이름이 뭐였지? 다~ 어쩌구였는데?"

일주일이 지나고, 그녀가 다시 예배에 참석했다. 예배가 끝나자 그녀는 신 목사에게 다가오더니 짓궂게 물었다.

"목사님, 지난주에 인사드렸죠? 근데 제 이름 혹시 기억하시나요?"

그러자 기억 용량의 한계를 드러내며 신 목사가 불쑥 대답했다.

"아, 반갑습니다. 다마네기 상."

으윽! 어릴 때부터 워낙 자장면을 좋아해서 어릴 적 별명이 '자장'이었다더니, 자기도 모르게 '다마네기'를 떠올린 모양이었다. 그날 신 목사의 '다마네기 상' 발언 덕분에 온 교회가 웃음바다가 되었다. 장난기 많은 그녀는 그 후로도 계속 자기 이름을 물었고, 머리가 그다지 좋지 않은 우리 부부는 여러 주가 지나서야 그 어려운 이름을 외울 수 있었다.

유머러스하고 성격 좋은 다네가시마 상에게는 당시 5학년인 아들 조지가 있었는데, 조지는 심한 중증의 자폐아였다. 조지는 가만히 앉아 있다가도 별안간 고함을 지르며 마구 뛰어다녔다. 어쩌면 대개의 교회에서는 조지를 그리 반가워하지 않았을지도 모른다. 하지만 우리에게도 조지 못지않은 딸 성은이가 있었기에 조지를 무리 없이 받아들일 수 있었다.

그런데 어느 몹시 추운 겨울날, 드디어 일이 터지고야 말았다. 당시 우리 교회는 자그마했는데, 그렇다 보니 예배실 옆에 다용도실이 붙어 있었다. 다용도실의 쓰임새로 말할 것 같으면, 그야말로 다용도였다. 대예배가 시작되기 전까지는 성가대실이었다가 대예배가 시작되면 바로 교회학교 교실이 되었고, 예배가 끝나면 성도님들이 식사하는 식당이 되었다. 조지 역시 늘 그곳에서 어린이 예배를 드렸는데, 장난을 치다가 그만 하수도 파이프를 뽑아버린 것이었다. 예배 중에 갑자기 교회학교 예배실에 홍수가 나버렸다. 그날 예배를 어떻게 마쳤는지는 지금도 잘 기억나지 않는다.

그 사건이 있은 후 다네가시마 상은 아들 때문에 더 이상 교회에 못 나오겠다고 했다. 우리는 괜찮다고, 계속 나와도 된다고 여러 번 이야기했지만 다네가시마 상의 생각은 확고했다. 하지만 동병상련의 아픔이 있어서인지 그분과 우리 부부와의 끈끈한 정은 계속 이어졌다. 우리가 도쿄로 가게 되었을 때도, 그리고 다시 한국으로 들어오게 되었을 때도 항상 자신의 소식을 알려주곤 했다. 그렇게 말썽을 피우던 조지도 어느덧 어른이 되었고, 이제는 얌전해졌다고 한다.

몇 년 전에는 그녀가 우리 부부를 만나러 한국에 오기도 했다. 유방암 선고를 받았는데 수술받기 전에 꼭 신 목사의 기도를 받고 싶다고 했다. 신 목사와 나는 정말 간절히 기도했다. 그러자 하나님이 그녀의 예쁜 맘음을 보셨는지 수술이 잘 되어 감사하게도 암을 이겨내게 되었다. 수술 후 다시 우리 교회를 찾은 그녀는 하나님 앞에서 '새로 태어난 목숨'이라며 간증을 했다. 그리고 지금은 차에 확성기를 매달고 다니면서 일본인들에게 복음을 전하는 주님의 참 제자가 되었다.

다마네기 상, 아니 다네가시마 상. 재미있는 이름 덕분에, 그보다는 참 좋으신 주님 덕분에 우리 부부는 결코 잊을 수 없는 너무나 소중한 일본 여성을 친구이자 귀한 동역자로 삼을 수 있었다.

모든 겸손과 온유로 하고 오래 참음으로 사랑 가운데서 서로 용납하고 _에베소서 3:13

14
이상한 직업을 가진 사람이 많은 교회

하루는 한 성도가 전화로 이런 질문을 했다.

"사모님, 왜 우리 교회에는 이상한 직업을 가진 사람이 많나요?"

우리 교회가 위치한 오사카의 니혼바시는 신기하게도 낮보다 밤이 더 밝고 번화했다. 처음 니혼바시에 도착했을 때 불야성 같은 일본의 밤거리를 보고 얼마나 놀랐는지 모른다. 그런데 더 놀라운 것은 우리 교회와 그 번화가는 차로 불과 5분 거리였다.

우리는 매주 금요일 밤 12시부터 새벽 4시까지 철야예배를 드렸다. 늦게까지 일하는 성도들을 위해서였다. 교회 직원도, 부교역자도 없던 개척교회 시절, 금요일 밤 11시가 넘으면 신 목사는 검은색 봉고를 몰고 가장 번화한 도톰보리 중앙도로로 갔다. 신 목사는 거리에 차를 대기시키고는 큰 소리로 이렇게 외쳤다.

"여기예요, 여기!"

그러면 이제 막 일을 마친 성도들이 한 명 두 명 봉고에 올라탔다. 그리고 정원이 가득 차면 교회로 돌아갔다. 봉고의 정원은 아홉 명이었는데,

금요 철야예배가 있던 오사카순복음교회, 빨간 벽돌 건물 2층

15명 정도가 끼여 탈 때도 있었다. 그렇게 교회에 도착하는 시간은 대개 12시. 그래서 자정에 철야예배를 시작하게 된 것이다. 그렇다 보니 성도들 사이에서 이분들이 이상한 직업을 가졌다는 소문이 돌았고, 급기야 앞서 이야기한 전화까지 걸려오게 된 것이다. 하지만 사실 밤에 일하는 한국 사람들은 착하고 성실한 경우가 많았다.

  한국인들이 일본에 와서 직장을 얻기란 하늘의 별따기보다 어렵다. 일본도 단일민족이므로 외국인에 대한 차별이 심하기 때문이다. 우리 교회에서도 밤에 식당에서 설거지를 하거나 서빙을 하면서 힘들게 돈을 버는 성도들이 많았다. 그들은 그렇게 번 돈을 고스란히 한국으로 보내 동생들의 학비를 대는 등 가족을 먹여 살리는 가장 노릇을 했다. 심방을 하다가 그들의 애틋하고 깊은 사연을 알게 되었고, 그 후로 손가락질은커녕 고개가 절로 숙여지게 되었다. 그래서인지 그들은 유난히 더 하나님의 사랑과 은혜를 깊이 체험하는 것 같았다. 기도 시간만 되면 눈물바다를 이

뤄서 장의자 양 끝에 꼭 휴지를 준비해야 했다. 기도 시간이 끝나면 그들이 버리고 간 휴지들이 곳곳에 산을 이루기 일쑤였다.

어찌 하나님이 그들을 사랑하지 않는다고 이야기할 수 있을까. 세리를 바라보는 바리새인들처럼, 오히려 내가 그들을 교만한 눈으로 차별하며 바라보지는 않았을까. 눈물로 기도하는 그들의 진실한 모습 속에 은혜가 절로 넘쳤다.

일본에 있는 어떤 교회는 자칭 건전한 교회임을 자처하며 이런 말을 했다고 한다.

"우리 교회는 이상한 직업을 가진 분들이 절대로 들어오지 못하는 교회입니다."

담임 목사님이 직접 자랑스럽게 이야기했다는 말을 듣고 망연자실했던 기억이 난다. 사실이라고 믿고 싶지 않지만, 만약 사실이라면 그 교회에는 예수님도 들어가시지 못한 채 문밖에 서 계시지 않았을까.

신 목사의 설교는 당연히 그들에게 초점이 맞춰졌다.

"은혜의 하나님, 사랑의 하나님은 우리가 하나님 앞에 어떤 모습으로 나오든 상관없이 우리를 너무너무 사랑하십니다."

이렇게 교회에서 은혜를 받고 성령 체험을 하자, 한 명 두 명 변화해 직업을 바꾸기 시작했다. 그들 중에는 돈을 벌어 한식당을 차린 사람도 있었고 작은 가게를 차린 사람도 있었다. 불야성 같은 그 거리에 처음으로 〈그리스도 하우스〉라는 이름의 간판이 들어섰는데, 기독교 성화, 한국어 찬양 테이프, 한국어 기독교 서적 등을 파는 가게였다. 우리 교회를 통해 은혜 받고 변화된 성도가 믿음으로 연 가게였다. 처음에는 봉고를 타고 철야예배에 참석했던 그녀가 지금은 목사님의 사모님이 되어 일본에서 귀한 사역을 하고 있다. 하나님은 그렇게 놀랍도록 조용히 한 분 한 분 변화시켜주고 계셨다.

한 성도에게 걸려온 한 통의 전화에 나는 순간 당황했지만 하나님은 곧 내게 놀라운 지혜를 주셨다.

"사람들에게 손가락질 받는 직업을 가진 세리 삭개오에게 예수님께서 당장 직업을 바꾸라고 강요하시진 않으셨잖아요."

"아, 네."

"예수님께서는 우리 교회에 나오는 그분들의 진심을 보시고 삭개오처럼 똑같이 직접 만나주실 거예요. 그러니 감히 우리가 그분들께 손가락질하거나 교회를 나오지 말라거나 할 수는 없어요."

"죄송해요, 사모님. 제 생각이 짧았어요."

이후에 하나님은 개척교회인 우리 교회를 점점 더 많은 성도들로 채워주셨다. 나 역시 은혜 받고 변화되는 그들의 모습을 통해서 한국에서는 경험할 수 없는 놀라운 하나님의 사랑과 은혜를 더 깊이 체험할 수 있었다.

지금 우리 교회는 금요일 밤 9시부터 11시 반까지 철야(?)예배를 드리고 있다. 새벽 4시까지 꼬박 밤을 새웠던 당시의 철야예배에 비하면 아무것도 아닌데, 다음 날 아침만 되면 피곤하다며 못 일어나는 건 도대체 무슨 이유인지 알 수가 없다.

15
우리는 일본인도 한국인도 아닌 천국인

"**사모님**, 저희는 한국인과 너무 의견이 안 맞아서 충돌할 때가 많아요."

하루는 한 일본인 집사님이 내게 이렇게 하소연을 했다. 하긴, 결혼생활에서도 성격 문제로 다투는 경우가 얼마나 비일비재한가. 하물며 생활방식이 전혀 다른 한국과 일본, 두 민족이 한 교회에서 생활한다는 것이 어디 쉬운 일이겠는가. 더구나 한국인 목사의 설교를 들어야 하는 일본인들에게는 그런 어려움이 더욱 컸을 것이다.

당시 우리 교회에는 고맙게도 상당히 많은 일본인들이 출석하고 있었다. 나는 그들을 볼 때마다 조용기 목사님과 최자실 목사님께서 일본에 오래전에 뿌려놓은 씨앗이 이렇게 좋은 열매를 맺는구나, 하는 생각이 들었다. 게다가 조용기 목사님의 영향으로, 오사카에서 기차로 두 시간이나 걸리는 '와카야마'라는 곳에서 오는 일본 성도들도 무척 많았다. 이름이 어려워서 신 목사가 '다마네기 상'이라고 실수했던 다네가시마 상도 바로 와카야마에 살았다.

"왜요? 무슨 일이 있으셨어요?"

알고 보니 새신자실에서 봉사하는 일본인들과 한국인들 사이에 간식 문제로 의견충돌이 있었던 것이다. 일본인의 경우, 음식은 남기지 말고 다 먹어야 하는 게 예의이기 때문에 너무 많은 음식이 나오면 부담을 느낀다고 한다. 따라서 일본인 집사님들은 손가락만 한 과자 하나, 혹은 간단한 음료수 하나 정도도 충분하다는 것이다. 반면에 한국인 집사님들은 새 신자가 처음 우리 교회에 왔는데 어떻게 달랑 과자 하나만 내놓을 수 있냐는 것이다. 교회 이미지도 그렇고, 마침 점심시간이니 푸짐하게 간식을 내자고 했다. 이리 들어도 저리 들어도 양쪽 의견 모두 어찌 그리 합당한지…….

"사모님, 저는 한국 사람들이 너무 사나운 것 같아요. 그래서 그들 말에 늘 상처를 많이 받아요."

"사모님, 저는 솔직히 일본 사람 속을 잘 모르겠어요. 겉과 속이 너무 달라서 늘 그들에게 상처를 많이 받아요."

대부분의 일본인들은 아무리 화가 나도 속으로는 욕할지언정 겉으로는 절대 내색하지 않는다. 그렇게 하는 것이 상대에 대한 예의라고 생각한다. 반면에 대부분의 한국인들은 대판 싸우는 한이 있어도 즉석에서 다 풀어버린다. 그리고는 다음 날이 되면 언제 그랬냐는 듯이 행동하며 "난 뒤끝이 없어."라고들 한다.

교회에서 일어난 한국인과 일본인의 갈등은 그뿐만이 아니었다. 야외예배를 가는 어느 날이었다. 신 목사가 성도들에게 이렇게 미리 일러두었다.

"교회에서 버스가 정각 10시에 출발할 예정입니다. 그러니 늦지 말고 시간 맞춰 일찍들 오세요."

아무리 열심히 광고를 해도 한국인들 중에는 반드시 늦는 사람이 있다. 오죽하면 옛날부터 '코리안 타임'이라는 말이 있었겠는가. 역시나 몇몇 한국인 성도가 시간이 되어도 오지 않았다. 하지만 우리 부부도 그들과 동족인지라 그들을 버리고 떠날 수는 없었다. 그리하여 버스는 10시가 넘어 출발하게 되었다.

그런데 일본인들은 이해가 되지 않는다며 화를 냈다. 10시에 출발한다고 해서 9시 반까지 왔는데 왜 30분 이상이나 기다리게 하고 10시가 되어도 출발하지 않느냐는 것이다. 늘 버스가 이렇게 기다려주기 때문에 늦는 사람은 매번 늦는다는 것이다. 어찌 그들 말이 틀리다고 할 수 있겠는가. 백번 맞는 말이다. 하지만 그들 요구대로 10시 정각 땡 하자마자 출발할 수도 없는 노릇이었다. 도시락 음식 장만하느라고 늦었을지도 모를 그들은 떠나버린 버스 때문에 허탈하게 집으로 돌아서며 또 얼마나 상처를 받을 것인가. 일본은 버스 임대료가 만만치 않았기에 우리는 차량 두 대를 운영할 수가 없었고, 때문에 야외예배 가는 날이면 이러한 문제들로 정말 난감하기 이를 데 없었다.

그런가 하면 한국인들은 정이 많아서 음식을 만들어도 항상 풍성풍성하게 만들고, 음식을 담을 때도 늘 풍성풍성하게 담는다. 반면 일본인들은 정확한 양, 정확한 사람 수에 맞춰 음식 준비를 하기 때문에 풍성풍성하게 담으면 음식이 모자란다며 싫어한다. 지금이야 일본에서도 김치가 훌륭한 음식으로 알려져 있지만, 우리가 일본에서 목회하던 1980년대만 해도 마늘 냄새가 싫다며 한국 음식을 싫어하는 일본인들도 적지 않았다.

다른 사람과 맞추며 산다는 것, 이것이야말로 어느 한쪽의 희생이 없으면 불가능한 일이다. 우리는 어떻게 해서든지 두 민족을 하나로 만들어 보려 했다. 그래서 한일 공통으로 하나의 남선교회, 하나의 여선교회를 만들고자 했지만 시간이 지나자 무리라는 것을 알게 되었다. 몇 차례 시행착오를 겪은 후, 자신이 맡은 사역은 소신껏 봉사할 수 있도록 한국 선교회, 일본 선교회로 나누기로 했다. 한 주씩 격주로 봉사하게 하는 방법이 최선이었다.

"우리 모두는 똑같은 하나님의 자녀들이죠? 그러니 일본인도 없고 한국인도 없어요. 우리는 하나님을 아버지로 모신 천국 국민이에요."

민족 간의 갈등을 해결하기 위한 방법은 오직 그리스도의 사랑밖에 없었다. 신 목사는 이를 누구보다 잘 알았다. 그래서 설교 때마다 강조하고 또 강조했다. 언어도 천국의 언어인 '오아시스' 언어를 쓰자고 했다.

'오아시스'언어란, 오(오하요: 안녕하세요) 아(아리가도: 감사합니다) 시(시쯔레이시마스: 실례합니다) 스(스미마셍: 죄송합니다)의 약자다.

외국 목회는 여러 면에서 한국 목회와 차이점이 많다. 한국에서는 장로교, 감리교, 성결교, 침례교 등 여러 교파가 있지만, 외국에서는 힘들고 외로운 처지의 사람들이 많아서인지 교파는 그리 중요하지 않다. 우리 교회 성도들도 마찬가지였다. 교파를 초월한 성도들이었다. 우리 교회에는 한국에서 온 장로님 두 분이 계셨는데 한 분은 장로교, 한 분은 성결교였다. 한 분은 늘 아침 일찍 오셔서 청소를 하시는 등 몸으로 교회를 섬기며 성가대에서 봉사하셨고, 또 한 분은 11시 예배 성가대 지휘를 맡아주셨다. 어찌나 겸손하고 성실하게 교회와 담임 목사를 잘 섬겨주셨는지 모른다.

"장로님들은 마치 아론과 훌처럼 제 양팔을 받쳐주고 계세요. 장로님들 덕분에 제 목회가 얼마나 힘이 되는지 몰라요."

신 목사도 두 분을 늘 든든하고 감사하게 여겼다. 두 분만이 아니라 한국에서의 교파와 관계없이 열심히 우리 교회를 섬기는 분들이 참으로 많았다.

외국 목회에서 가장 힘든 점은 이렇듯 열심이었던 성도들과의 갑작스런 이별이다. 열심히 교회를 섬기던 분들이 어느 날 갑자기 작별인사를 하러 찾아오는 것이다. 그래서 외국 목회는 늘 마음의 준비를 하고 있어야 한다. 정들었던 성도들과의 이별이 시도 때도 없이 찾아오기 때문이다. 사업이 너무 잘 될 경우 한국에서 하고 싶다며 귀국하고, 사업이 잘 안 될 경우 너무 힘들다며 귀국하고, 주재원의 경우 임기가 다 되었다고 귀국하며, 유학생들은 유학 생활이 끝나서 귀국한다. 그들이 교회 장로님이건 권사님이건 구역장님이건 조장님이건 청년회 회장이건 상관없다. 교회의 주요 직책을 맡은 사람이라고 해도 교회 사정은 아랑곳없이, 개인사정에 따라 하루아침에 교회를 떠나곤 한다.

어느 날, 염려했던 일이 벌어졌다. 11시 예배 지휘자였던 장로님께서 마지못해 사업차 한국으로 돌아가게 된 것이었다. 그날, 신 목사는 눈물은 흘리지 않았지만 아마 자신의 한쪽 팔이 떨어져나가는 듯한 아픔을 느꼈을 것이다. 신 목사는 장로님과의 헤어짐을 너무나 아쉬워했다.

"외국 목회는 이래서 한계를 느끼게 되나 봐."

신 목사는 내게 처음으로 아쉬움을 고백하기도 했다.

이런 여러 가지 이유들로 나는 교회의 규모를 떠나 외국에서 목회하시는 목사님들을 존경한다. 얼마나 겸손하고 얼마나 희생적이어야 하는지, 얼마나 인내심이 많아야 하는지 누구보다도 잘 알고 있기 때문이다. 하지만 한국으로 되돌아가는 성도들이 있음에도 불구하고, 우리 교회는 새로 들어오는 성도들 덕분에 조금씩 부흥할 수 있었다. 너무나 감사한 일이다. 교파도 초월하고 민족성도 초월한 채 오직 하나님 아버지의 한 자녀임을 강조하는 목회를 하다 보니, 오사카에 부임한 지 5년여 만에 우리 '오사카순복음교회'가 오사카에서 제법 큰 교회로 성장하고 있었다.

겸손한 자는 먹고 배부를 것이며 여호와를 찾는 자는 그를 찬송할 것이라 너희 마음은 영원히 살지어다 _시편 22:26

16
성탄절이 없는 나라

일본은 참으로 신기한 나라다. 거의 모든 나라가 12월 25일이 법적 공휴일로 정해져 달력에 빨간색으로 되어 있는데 세상에, 일본은 검은색이다. 하도 속이 상해서인지 내 눈에는 이제 달력의 숫자가 유난히 더 새까맣게 보인다. 때문에 성탄절이 되면 예수님의 탄생 축하 예배를 드려야 하는 일본 교회들은 막막하기 이를 데 없다.

그런데 감사하게도 새 일본 천황의 생일이 12월 23일로 공휴일이었다. 그분이 봄이나 여름에 안 태어나고 12월에 태어난 것만으로도 얼마나 감사하던지……. 예수님 생일과 겨우 이틀밖에 차이가 안 나지 않는가. 그래서 우리 교회는 예수님의 생일을 이틀 앞당겨 12월 23일에 성탄절 축하 예배를 드리기로 했다.

하지만 어른들이야 그렇다 치더라도, 25일이 검은색으로 되어 있어서 그날이 무슨 날인지 전혀 모르는 일본 어린이들에게만큼은 예수님 탄생의 기쁜 소식을 제대로 알려주어야겠다고 생각했다. 그래서 생각해낸 행사가 바로 '어린이 크리스마스 초청 파티'였다. 이 행사는 오사카에서뿐 아니라 도쿄에 갔을 때에도 행해졌고, 우리가 한국으로 돌아오던 해까지 한 해도 거르지 않았다.

일본 초등학교는 대개 12월 24일에 겨울방학을 한다. 나는 교회학교 선생님들과 함께 어린이들을 위한 초대장을 예쁘게 만들었다. 초대장 뒷면에 교회 약도도 그려 넣었다. 그리고는 행사가 있기 일주일 전부터 가까운 몇몇 초등학교에 갔다. 그리고 학생들이 나오기를 기다렸다. 학년마다 끝나는 시간이 다르기 때문에 선생님들과 번갈아가면서 시간을 정해 기다렸다. 그렇게 삼삼오오 짝지어 나오는 아이들에게 노방 전도를 한 것이다.

"크리스마스에 우리 교회에 놀러오세요. 그날 교회에 놀러오면 선물도 많이많이 주고 재미있는 행사도 아주아주 많아요."

성탄절 없는 일본에서, 오사카 어린이 크리스마스 초청파티

짐작했던 것보다 많은 아이들이 초대장을 받아들었고, 교회에 찾아오겠다고 약속했다.

기도하며 기다리던 12월 24일, 과연 몇 명의 아이들이 교회로 찾아올까 하는 염려는 정말 기우였다. 예수님을 모르는 많은 일본 어린이들이 선물을 받기 위해, 또 즐거운 크리스마스를 보내기 위해 삼삼오오 교회로 몰려왔다. 교회학교 경험이 풍부한 신 목사는 매우 유쾌한 말솜씨로 재미있고 친절하게 예수님을 소개했다.

"크리스마스는~ 바로 예수님이 태어나신 가장~ 기쁜 날이에요. 예수님은~ 바로 여러분을 위해서~ 이 땅에 오셨어요. 지금 이 시간, 그 예수님을 믿기만 하면~ 너무너무 멋진 하늘나라도 갈 수 있고, 또 영원히 살 수 있게 돼요~"

일본 어린이들의 눈망울이 반짝거리더니 예수님을 믿겠다며 가슴에 손을 얹고 목사님을 따라서 기도했다. 그 모습이 너무나 사랑스러웠다. 예배를 마친 후에는 인형극을 보고 찬양을 했으며, 퀴즈도 풀면서 서로 교제하는 시간을 가졌다. 선물도 많이 주었으며 밥도 주었다. 양손 가득 선물을 들고 집으로 돌아가는 아이들 얼굴은 행복한 웃음으로 가득했다. 그들이 행복해한 이유가 아마 선물 때문만은 아닐 것이다. 틀림없이 살아계신 예수님의 사랑까지 듬뿍 가슴에 담아갔기 때문일 것이다. 어린 친구들의 이름이 하나 가득 하늘나라 생명책에 기록된 그날, 우리 예수님께서도 너무 기쁘고 행복해서 활짝 웃으셨을 것이다.

그때 그 아이들, 지금은 어떻게 자랐을지 궁금하다.

17
이 교회는 하나님이 친히 지으셨단다

2010년 3월, 예수가족교회 전 성도들이 그렇게 소원하고 기도하던 6층 대성전이 마침내 그 아름다운 모습을 드러냈다. 첫 예배를 드리는 내내 얼마나 감격스럽고 감동적이던지……. 눈만 감으면 감사의 눈물이 주르르 흘렀다. 대성전을 설계하고 완공하기까지의 긴 시간 속에 하나님이 친히 함께하신 것을 누구보다 잘 알았기 때문이다. 교회는 역시 성도들의 눈물의 기도로 이루어지는 것임을, 기도하면서 또 한 번 깨닫게 되었다. 그런데 가만히 생각해보니 신 목사의 목회 여정 중 새 성전에서 예배드리는 게 처음은 아니었다. 오사카순복음교회도 우리가 부임한 지 5년여 만에 새 성전을 건축할 수 있게 되었지 않은가.

일본 선교사로 발령받고 오사카순복음교회에서 첫 예배를 드린 것은 1989년 10월이었다. 당시 우리는 빨간 벽돌로 된 건물 2층에 세 들어 있었다. 교회 환경은 무척 열악했다. 5층 건물 중 1층은 편의점, 2층이 교회였는데, 3층부터는 하필 원룸 아파트였기 때문이다. 교회는 자고로 기도 소리도 커야 하고 찬양 소리도 커야 하는 게 아닌가. 조금만 크게 기도하거나 찬양하면 바로 주민들이 시끄럽다고 불평을 쏟았다. 왜 처음에는 큰 소리가 나지 않던 교회가 요즘은 이리도 시끄럽냐는 것이었다. 성도들이 많아짐에 따라 교회가 커지니까 기도 소리 역시 커지는 것은 당연한 이치였는데 말이다.

특히 철야예배 때는 주민들의 불만이 극에 달했다. 밤 12시부터 새벽 4시 사이에 통성기도 소리와 찬양 소리가 들려오니 불평을 쏟는 건 사실 당연했다. 예배실 중간에 복도로 향하는 문이 있었는데, 그 문을 통해서 소리가 위층으로 고스란히 올라갈 수밖에 없었다. 그러니 아무리 방음 장치를 해도 소용이 없었다. 가장 크게 기도하고 부르짖어야 할 철야예배 때 큰 소리로 기도할 수 없고 목소리 높여 찬양할 수 없다는 것은 교회의 크나큰 문제가 아닐 수 없었다. 이 문제를 해결할 유일한 방법은 하루속히 다른 곳으로 이전하는 것이었다.

하루는 철야예배 도중에 건물 주인이라는 일본 남자가 술을 잔뜩 마시고는 교회로 들어왔다. 우리는 그동안 그가 한국말을 전혀 하지 않아서 일본인인 줄로만 알고 있었는데, 알고 보니 한국인 교포였다. 너무 취한 나머지 자신도 모르는 사이에 실수로 한국말을 해버린 것이었다. 그는 기도 소리, 찬양 소리가 시끄러워 더 이상 못 참겠다며 당장 나가라고 버럭 소리를 질러댔다. 예배 중에도 거침없이 행동하는 그를 보며 성도들은 두려움에 떨었다. 그런데 신 목사가 설교하다 말고 이렇게 말했다.

"이분이 바로 우리 건물의 사장님이십니다. 철야예배에 이렇게 친히 참석해주셨으니 우리 모두 박수로 환영해드립시다."

오사카순복음교회 새성전.
다이코쿠조에 위치한 헐어빠진 창고건물의
일본인 주인은 신 목사만 보면 기분이 좋다며,
유산으로 받은 창고에 새성전을 건축하도록
흔쾌히 지지해 주었다.

그는 엉겁결에 박수를 받고 무안한 기색으로 잠시 교회에 앉아 있다 나갔다. 하지만 시끄러우니 당장 나가라는 압박은 그날 이후로도 계속되었다. '새 성전을 지어 건축할 때'라는 확실한 암시가 이보다 더하겠는가. 우리 부부는 바로 다음날부터 교회 건축을 위해 기도하며 함께 새 성전 부지를 보러 다녔다. 하지만 외국에서 많은 성도들이 예배드려야 할 큰 장소를 찾는 것이 어찌 쉬운 일이겠는가. 그날부터 우리 눈에는 오사카의 모든 건물이 다 교회 건물로 보이고 모든 땅이 다 교회 부지로 보였다.

계속해서 이곳저곳을 찾아다니던 중 다이코쿠조에 위치한 헐어빠진 야마하 창고 하나가 눈에 들어왔다. 3층으로 된 낡은 창고였는데, 기둥도 없고 천장도 높아 교회 건물로는 안성맞춤이었다. 게다가 일본인 창고 주인은 희한하게 신 목사 얼굴만 보면 너무 기분이 좋아진다며, 무엇이든지 원하는 대로 다 해주고 싶은 마음이 든다고 말했다. 그러면서 자기도 왜 그런 마음이 드는지 모르겠다는 말을 꼭 덧붙였다. 세상에, 무슨 남자가 남자 얼굴만 봐도 기분이 좋아지는지……. 아무리 생각해도 신기한 노릇이었다. 동성애자는 전혀 아니었다. 성령님이 교회 건축을 위해 그의 마음을 그렇게 움직이고 계심이 분명했다. 설계사인 일본인 집사님과 신 목사는 집주인에게 교회 설계도를 보여주었고, 설계도를 본 집주인은 너무나 놀라워했다.

"이런 낡은 창고에 이렇게 멋진 교회를 지을 수는 없지요."

이처럼 멋진 교회라면, 이 창고를 부수고 새롭게 교회 건축을 하자는 제안이었다. 일본에서는 창고 부수는 비용만도 어마어마했다. 약 500만 엔

(약 5천만 원)이라는 엄청난 비용이 드는데, 우리 형편에 그만한 돈이 없다는 것을 그는 너무도 잘 알고 있었다. 그는 창고 부수는 비용을 모두 자신이 부담하겠다고 했다. 일본 사람이 낯선 한국 사람에게, 다만 신 목사 얼굴만 보고 그렇게 돕는다는 건 정말 하나님이 행하신 기적 중의 기적이었다. 그는 덧붙이기를, 그 건물은 아버지께서 그해 돌아가시면서 유산으로 물려준 건물이라고 했다. 때문에 당장 우리에게 팔지는 못하지만, 예전 건물의 세와 동일하게 받겠다고 했다. 우리에게는 너무나 감사한 조건이었다.

그리하여 낡은 창고 건물이 부서졌고, 기적적으로 3층짜리 오사카순복음교회가 새롭게 지어지기 시작했다. 성전이 건축되기까지 성도들의 눈물과 감동의 헌신이 줄을 이었다. 교회 앞은 차량 통행이 빈번한 큰 길이어서 성도들이 편히 오가기에 좋았다.

때마침 성전 건축을 위한 부흥성회 강사로 이영훈 목사님이 오셨다. 지금은 여의도순복음교회 당회장을 맡고 계신다. 그때 하나님께서는 이영훈 목사님의 입을 빌어, 목사님이 워싱턴 순복음교회를 건축할 당시 성도들의 눈물의 헌신과 봉사에 대해 설교하게 하셨다. 그 설교를 들은 후 많은 성도들이 감동을 받고 성전 건축을 위한 헌금과 헌물을 바치기 시작했다. 야마시다라는 일본인 성도는 교회 건축에 써달라며 부모님께 물려받았다는 고가의 기모노를 헌물로 바치기도 했고, 초등학교 1학년인 보라라는 어린이는 바이올린을 사려고 모아놓은 저금통을 통째로 하나님께 드리기도 했다. 그 외에도 많은 성도들이 그렇게 자신의 소중한 옥

합을 깨뜨렸다. 우리가 오사카순복음교회에 부임한 지 5년 만에 성도들의 눈물과 헌신으로 새로운 성전이 멋지게 지어지기 시작한 것이다.

교회 내부 설계는 신 목사가 친히 도맡았다. 1층을 대예배실로 하고, 1층과 2층 사이의 중층에 기도실도 세 개 만들었다. 또한 유아실도 중층에 넣어 아기와 엄마가 창을 통해 예배드릴 수 있게 했다. 2층에는 중예배실, 식당, 작은 교실들과 교구 사무실을, 그리고 3층에는 담임 목사 사무실과 여러 개의 작은 교실, 그리고 손님이 오시면 주무실 수 있도록 특실도 만들었다. 그리 크지 않은 건물이었지만 교회에 필요한 건 무엇이든 구석구석에 설계해 넣었다. 무엇보다도 일본에 있는 순복음교회로서는 처음으로 교회를 건축하는 것이었기에, 한 층 한 층 설계하는 것 자체가 너무나 큰 감동이었다.

건물이 거의 모습을 드러내고, 마지막으로 일본 땅 오사카 하늘 아래 '오사카순복음교회'라는 이름이 적힌 십자가 탑이 올려졌다. 그 십자가 탑은 하나님이 살아계심을 오사카 전역에 알리는 신호탄이었다. 우리 부부는 너무 감격스러워서 교회를 바라보며 다섯 살이던 둘째 예은이에게 이렇게 이야기했다.

"예은아, 이 교회 참 멋있지? 이 교회는 하나님이 친히 지으셨단다."

"아니에요, 일본 아저씨들이 짓고 있는 거 내 눈으로 다 봤어요."

"……."

다섯 살짜리에게 하나님이 친히 지으셨다고 말한들 그게 뭔 말인지 알아듣기나 하겠는가. 그렇게 하나님은 우리에게 타국에서 교회를 건축할 수 있는 크나큰 선물을 주셨다. 이로써 오사카 순복음교회를 시작으로 많은 순복음교회들이 일본 땅에서 교회 건축의 꿈을 이룰 수 있게 되었다.

지금 새로 완공된 6층 건물의 예수가족교회 대성전을 바라보고 있노라면, 1993년 오사카에서 교회를 건축했던 당시의 일들이 생생하게 떠오른다. 우리 예수가족교회 역사 교회 건축을 위해 성도들이 피땀 흘려 기도하던 중, 수련원 부지 일부가 나라로 수용됨에 따라 수용 비용이 교회 건축에 큰 보탬이 되어 기적적으로 완공되었기 때문이다. 그러니 어찌 이 교회 역시 사람이 지었다고 할 수 있겠는가. 누가 뭐래도 교회는 하나님이 친히 예비하시고 손수 지으시는 하나님의 작품임에 틀림없다.

우리를 이곳 일산까지 인도하시고, 이렇게 아름다운 예수가족교회를 섬길 수 있도록 인도하신 하나님께 다시 한 번 영광과 찬송을 올린다.

그들이 여호수아에게 대답하여 이르되 당신이 우리에게 명령하신 것은 우리가 다 행할 것이요 당신이 우리를 보내시는 곳에는 우리가 가리이다 _여호수아 1:16

18
저 스크린 속에 신 목사 얼굴 좀 나오게 해주세요

요새는 어디를 가나 '스크린 골프'라는 간판을 쉽게 찾아볼 수 있다. 실내에서 스크린을 바라보면서 골프를 칠 수 있도록 만든 것이다. 그래서 그런지 '스크린'이라는 말이 그다지 생소하지 않다. 어느 정도 규모 있는 교회에는 그러한 큼직한 스크린이 걸려 있다. 멀리 앉아 예배드리는 사람을 배려하여 설교하는 목사님이 크게 보이도록 하기 위함이다. 뿐만 아니라 찬송가 가사나 성경말씀이 크게 보이도록 하기도 한다.

우리 교회도 예외가 아니다. 새로 지은 6층 대성전에는 커다란 스크린이 십자가 양 옆에 설치되어 있다. 그런데 내가 결혼하던 해인 1985년에 여의도순복음교회에는 스크린이 이미 설치되어 있었다. 지금처럼 설교하는 목사님 모습이 크게 보이도록 하기 위함이라기보다는 '스크린 예배'를 위한 용도였던 것으로 기억한다. 당시 나는 여의도순복음교회 5부 예배 성가대원으로 봉사하고 있었는데, 결혼한 지 얼마 지나지 않아 5부 예배가 스크린 예배로 바뀌게 되었다. 요즘은 워낙 성능이 좋아 스크린 예배를 드리더라도 실내를 그리 어둡게 할 필요가 없지만, 당시만 해도 성가대 찬양이 끝나면 곧바로 극장처럼 어둡게 소등해야 했다. 첫 주에는 이런 상황에 적응이 되지 않았다. 교회 안이 갑자기 깜깜해지는 것도, 매주 설교하는 목사님을 스크린 속에서 만나는 것도 어색하기만 했다.

그러던 어느 날, 스크린으로 설교를 들은 후 통성 기도하는 시간이었는데, 문득 '바라봄의 법칙'이 머리를 스쳤다. 바라봄의 법칙이란 성경말씀(창세기 30:32~43)을 토대로 하여 조용기 목사님께서 늘 강조하신 말씀이다. 야곱이 외삼촌 라반의 집에서 일할 때, 일한 대가로 얼룩무늬 양을 모두 가져가겠다는 약속을 받아낸 내용이었다. 명석한 야곱은 버드나무와 살구나무와 산풍나무의

스크린 속의 신 목사, 요코하마 마린 성회

가지 껍질을 벗겨 얼룩얼룩한 무늬를 만들고, 양들이 물 마실 때마다 바라볼 수 있도록 가장 잘 보이는 곳에 놓아두었다. 신기하게도 그 얼룩 가지를 매일 바라보면서 물을 마신 양들은 모두 튼튼하면서 얼룩얼룩한 새끼를 낳고, 모두 야곱의 양이 되었다는 말씀이었다. 즉, 무엇이든 바라보고 기도하면 언젠가는 그 꿈이 이루어진다는 내용인 것이다.

갓 결혼한 나는 조 목사님의 얼굴이 스크린에 나오자 이렇게 기도했다.

"하나님, 조 목사님처럼 언젠가는 신 목사 얼굴도 저 스크린 속에 들어 있게 해주세요."

나는 스크린 속에 있는 신 목사 모습을 상상하며 매주 그렇게 기도했다. 그때만 해도 신 목사는 감히 대성전 단상에 설 수 없는(오직 교장 목사님만 설 수 있었다) 교회학교 교감 목사였다. 그야말로 햇병아리 목사였다. 그러니 누가 내 기도를 듣는다면 얼마나 황당하고 어이없어하겠는가. 사실 누가 엿들을까 봐 큰 소리로 기도하지도 못했다. 하지만 이 어이없는 기도는 나 혼자 비밀리에 계속되었다. 그러다가 첫째 성은이의 출산을 앞두고 5부 성가대를 그만두게 되었고, 더 이상 스크린 예배를 드리지 않게 되었다. 당연히 신 목사를 위한 기도도 멈추게 되었다. 10여 년이 지난 후에는 그런 기도를 했던 사실조차 까맣게 잊어버리고 말았다.

이후 여러 해가 지나 신 목사는 교회학교 교감 목사에서 교장 목사로, 또 CAM 대학선교회 담임 목사를 거쳐 일본 선교사로 발령을 받았고, 조 목사님의 명을 받아 최연소 아시아 총회 총회장이 되었다.

최연소 아시아 총회장이 되어 곤란했던 에피소드도 있다. 외국 집회 때 공항에 마중 나온 목사님께 신 목사가 인사를 드렸더니 수행원인 줄 알고 되물었다고 한다.

"아직 총회장님은 안 나오셨나요?"

"제가 총회장입니다만."

"아이고, 실례했습니다. 저는 총회장님이라고 해서 머리가 허옇게 세신 분만 찾았습니다."

아시아 총회장이다 보니 이 나라 저 나라를 날아다니면서 부흥 집회며 기념 예배 등 설교하러 다니기에 바빴고, 집에는 오직 빨랫감만 잔뜩 가져오곤 했다. 그처럼 바쁘게 10여 년을 보낸 어느 날, 여의도순복음교회에서 신 목사를 초청했고 직접 설교를 하게 되었다.

마치 오랜만에 고향 집을 방문하는 기분이었다. 나는 신 목사가 인도하는 예배에 참석하기 위해 여의도순복음교회 대성전 뒷자리 구석쯤에 자리 잡고 앉았다. 그 순간, 난 머리를 뭔가로 한 대 얻어맞은 것 같은 엄청난 충격을 받았다. 십자가 옆의 스크린을 보면서 불현듯 한 장면이 떠올랐기 때문이다. 신 목사 얼굴 좀 스크린 속에 들어 있게 해달라고 그리도 간절히 기도했던 모습이 현실이 되어 내 눈앞에 그대로 펼쳐지고 있는 게 아닌가. 기도한 대로 신 목사 얼굴이 크게 확대되어 바로 그 스크린 속에 정말 들어 있는 것이었다. 하나님은 이십 대의 햇병아리 사모가 남편을 위해 그저 말씀 속의 '바라봄의 법칙'만을 부여잡고 기도한, 그 작은 기도조차 그냥 흘려버리지 않으셨다.

지금은 우리 교회 스크린 속에 매주 신 목사의 얼굴이 들어 있다. 그리 잘생긴 얼굴은 아니지만 스크린 속의 그를 물끄러미 바라보고 있노라면 25년 전의 철없던, 그리고 순수했던 햇병아리 사모 시절로 어느새 되돌아가 있다. 또한 간절히 소원하는 내 기도에 응답하신 참 좋으신 하나님도, 스크린을 바라봄으로 또 한 번 가슴속 깊이 되새길 수 있게 된다. 매주일 저녁 7시, 나는 스크린 속에 있는 내 남편 신 목사의 얼굴을 쳐다보며 행복하게 미소 짓고 있다.

19
이상한 꿈

비가 억수로 쏟아지던 날이었다. 우리 부부는 고베 순복음교회 창립 행사 예배에 참석하기 위해 고베를 향해 가고 있었다. 총회장인 신 목사가 그날 설교를 맡았다. 오사카와 고베를 연결해주는 한신 고속도로는 주차장을 방불케 했다. 길이 막히자 지루해진 나는 운전하는 신 목사에게 무심코 꿈 이야기를 했다.

"여보, 그러고 보니까 며칠 전 이상한 꿈을 꾸었는데……."

"무슨 꿈?"

"우리 차가 교통사고가 났는데 희한하게 사람은 하나도 안 다쳤고, 경찰이 왔는데 내가 막 일본 말로 뭐라고 이야기해서 잘 해결된 꿈이었어요."

그 순간, 남편의 발이 브레이크에서 미끄러지면서 앞차를 박고 말았다. 나중에 해도 되는 말인데 하필 운전 중에 왜 꿈 이야기를 했는지……. 꿈이 현실이 되고 만 것이었다. 다행히 차가 많이 밀려서 서행하던 상태였기 때문에, 차를 박았다는 표현보다 살짝 닿았다는 표현이 더 맞을 만큼의 약한 충돌이었다. 범퍼를 살펴보니 아무런 흠집도 보이지 않았다.

"휴우~ 다행이네. 일단 차가 별문제 없으니 운전자와 이야기를 잘하면 될 것 같은데……."

둘 다 안심하고 있는데 갑자기 앞차가 동그랗고 빨간 모자 같은 물건을 차 위에 올리면서 경찰차로 돌변했다. 많고 많은 차들 중에 하필 경찰차를 들이받은 것이었다.

"에엥~ 에엥~"

곧 사이렌 소리가 나더니 차 안에 있던 경찰이 뒤따라오라고 손짓했다.

"큰일 났네. 이러다가 늦어서 오늘 고베 교회 설교 못 하면 어쩌지?"

고속도로 갓길에 차를 세운 경찰이 우리에게 자기네 차로 오라고 손짓했다.

"지금 많이 늦었으니 한번만 봐달라. 내가 이래 봬도 목사인데, 고베에 설교하러 빨리 가지 않으면 안 된다."

신 목사는 손짓 발짓 다 써가면서 자세히 설명했지만 소용없었다. 경찰은 우리에게 잔소리 말고 계속 운전 면허증을 보이라고 했다. 설상가상으로 그때 신 목사는 면허 정지 상태였다. 교회 성도들이 차 사고가 날 때마다 신 목사에게 면허증 점수를 빌려달라고 부탁하는 바람에, 신 목사가 면허 점수를 너무 많이 빌려주었기 때문이었다. 정작 자신이 위반했을 때는 점수가 모자라서 5개월간 정지가 된 것이었다. 결국, 무면허로 운전하다가 걸린 꼴이 되었으니 결과는 뻔했다.

'일본으로 선교하러 온 한국 선교사가 무면허로 운전하다 경찰에게 걸

리다니······.'

이런 말도 안 되는 끔찍한 상황이 눈앞에서 전개되고 있었다.

"하나님, 면허도 없이 운전한 거 정말 잘못했어요. 한번만 용서해주시구요, 지금 이 순간 제게 지혜를 주세요."

너무나 상황이 급박했기에 나는 하나님께 이렇게 기도하는 수밖에 달리 도리가 없었다. 그리고는 꿈의 내용처럼 경찰에게 용기를 내어 일본어로 말했다.

"내 남편이 오늘 운전하게 된 건 순전히 저 때문이에요."

"······."

"제가 오늘 하루만 운전해달라고 부탁했어요. 실은 제가 운전면허를 딴 지 겨우 한 달밖에 안 됐거든요. 아직 고속도로를 운전해본 적이 없고, 또 운전대가 한국과 반대라서 자신도 없고, 또 비도 많이 와서······. 그래서 오늘 한번만 대신 운전해달라고 부탁했어요. 전 남편이 면허증 정지된 사실도 몰랐어요. 그러니까 저를 봐서라도 한번만 봐주세요, 네?"

어디서 그런 용기가 났는지, 말이 통하든 말든 상관없이 손짓 발짓 다 섞어가며 일본어로 마구 이야기했다. 그러면서 한 달 전에 받은 국제 운전 면허증을 내밀었다. 일본 경찰은 내 얼굴을 한 번 보고 정말로 한 달밖에 안 된 내 국제 운전 면허증을 확인해보더니 버럭 소리를 질렀다.

"지금부터 당장 당신이 운전해!"

그러더니 다시 요란한 사이렌을 울리며 쏜살같이 가버렸다. 정말 신기한 일이었다. 그러고 보니 내가 그 사건이 일어나기 바로 한 달 전에 국제 운전 면허증을 따게 된 것 또한 기적 같은 일이었다. 워낙 겁이 많았기에 내가 자동차 운전을 하리라고는 전혀 예상하지 못한 채 자전거에 두 아이를 태우고 신나게 등하교를 시킬 때였다. 하루는 우리 교회 부흥회 참석차 한국에서 오신 목사님과 저녁식사를 하게 되었다.

"아니, 젊디젊은 사모님이 아직 운전도 못 하신다는 게 말이 되나요?"
목사님은 나를 쳐다보며 안타까운 표정을 지었다.
"예, 제가 유난히…… 겁이…… 많아서요."
"두 발인 자전거도 운전하시면서 네 발인 자동차를 운전 못 하신다는 게 말이 됩니까? 자전거보다야 자동차가 훨씬 더 안전하지요. 목사님을 위해서라도 운전을 배우셔야 해요. 목사님이 피곤할 땐 사모님이 대신 운전을 하셔야죠."
"……"

말씀을 듣고 보니 내가 사모 노릇을 제대로 못하고 있다는 생각이 들었다. 그리고 계속해서 '아직 젊으시니까 운전을 꼭 배우세요.'라는 말이 귓전을 맴돌았다. 하기야, 돌이켜보면 비가 많이 오는 날에는 우산을 들고 한 손으로 자전거를 탈 자신이 없어서 의례 아이들을 결석시키기 일쑤였다. 햇볕이 강한 여름에는 일사병에 쓰러지기 일보 직전인 적도 있었다.

'그래, 나도 기회가 되면 꼭 운전을 배우자!'
그로부터 몇 개월 후, 여름방학을 이용해 한 달간 한국에 머무르게 되었다. 사실 운전을 배우려고 들어간 것은 아니었다. 내가 자꾸 마르고 허

약해지니까 신 목사가 걱정이 되어 한 달간 한국에서 보약 좀 먹고 쉬다 오라고 배려한 것이었다. 여름 더위가 기승을 부리던 7월 중순이었다. 왕복 비행기 티켓을 끊었기에 입국 날짜가 8월 17일로 정해져 있었다. 나는 쉬기는커녕 한국에 도착하자마자 자동차 학원에 등록했다. 꼭 운전을 배우라던 부흥 강사님 말씀이 또 머릿속에 뱅뱅 맴돌았기 때문이었다.

'이번이 기회야. 이번에 놓치면 내 생에 운전면허는 평생 못 따고 말 거야.'

하지만 겨우 한 달 만에 필기시험과 실기시험을 다 보고 면허증까지 따는 건 절대로 불가능하다고 학원생들이 모두 입 모아 말했다.

"워낙 시험 보는 사람이 많이 밀려서 필기시험 날짜 받는 것만도 1년은 족히 걸려요."

그렇다면 코스와 주행은 포기하더라도 필기시험만이라도 합격하겠다며 책을 사서 열심히 공부하기 시작했다. 감사하게도 필기시험 날짜가 생각보다 빠른 8월 1일로 정해졌다. 잘하면 코스, 주행도 볼 수 있을 것 같았다. 그래서 집중력과 인내심을 가지고 피눈물나게 외우고 또 외웠다. 아마 고3 때 그렇게 공부했더라면 S대에도 무난히 갔을 것이다. 그렇게 필기시험이 끝나고, 수험생들이 강당에 모인 가운데 합격자 발표를 기다리고 있었다.

"996번!"

세상에나, 내 번호가 불렸다. 그것도 내가 1등이라는 것이었다. 하긴, 누가 운전면허 시험공부를 입시 치르듯 하겠는가. 꼭 이루어야 한다는 목표를 가지고 집중해서 공부하면 그런 기적도 일어나는 모양이었다.

이제는 코스, 주행이 문제였다. 시험 날짜를 확인해보니 8월 20일이었다. 헉! 난 17일에는 무슨 일이 있어도 비행기에 타야 하는데……. 고민하던 차에 외국 유학생들에게는 날짜를 바꿀 수 있도록 배려한다는 말을 듣고 담당자에게 사정 이야기를 했다. 그분은 나를 아래위로 훑어보더니 8월 14일로 실기시험 일자를 변경해주었다. 나는 신이 나서는 꼭 합격해야 한다는 일념하에 그동안 배운 것들을 하루도 빠지지 않고 열심히 연습했다. 그리고 마침내 주행 시험이 하루 앞으로 다가왔다.

면허시험장 근처에 있는 자동차 학원 중에는 실제 면허시험과 똑같은 코스를 만들어놓고 모의주행을 하도록 되어 있는 곳이 여럿 있었다. 나는 실기시험 보기 하루 전에 한 자동차 학원에서 모의주행을 하기로 했다. 파란 불이면 가고, 빨간 불이면 서고, 언덕에서도 미끄러지지 않고 잘 섰다. 그런데 이상했다. 분명 배운 대로 주행했는데 겨우 12점밖에 안 나온 것이었다. 몇 번을 다시 돌아봐도 이상하게 점수가 올라가지 않았다. 왜 점수가 안 나오는지 이유조차 모르니 가슴이 답답해졌다. 24점 이상은 받아야 합격인데 겨우 12점밖에 안 나오다니……. 이대로 가다가는 다음날 시험에 떨어질 것이 불 보듯 뻔했다.

실기시험에서 떨어진다면 필기시험 1등은 의미가 없을 뿐 아니라, 건강 챙기라고 어렵게 얻은 한 달간의 휴가를 되돌릴 수도 없고, 운전면허를 위해 여름 내내 땀 흘리며 자동차학원을 다닌 대가가 한순간에 물거품처럼 사라질 것이었다. 어렵사리 시험 날짜까지 변경하지 않았던가. 나는 너무 답답한 나머지 휴게실에서 하나님께 간절히 기도했다.

"하나님, 제발 도와주세요. 이번에 무슨 일이 있어도 꼭 붙어야 되는 거 아시잖아요."

나는 열심히 부르짖었다. 그때, 한 남자 분이 휴게실로 들어왔다. 내 표정이 그리 좋아 보이지 않았던지, 학원 선생님으로 보이는 그분이 내게 말을 걸었다.

"무슨 걱정 있으세요?"

"네, 아무리 열심히 모의주행을 해봐도 점수가 안 나와서요. 내일이 시험이거든요."

"그렇군요. 그럼 저와 딱 한 바퀴만 함께 돌아봐요. 왜 점수가 안 나왔는지 가르쳐드릴게요."

그러면서 그는 찬찬히 나를 살펴보았다.

"어디서 많이 뵌 분이시네요. 아줌마, 우리 학원 학생 맞죠? 그 반 선생님이 다리를 다쳐서 병원에 입원했거든요. 선생님 반 학생들 좀 잘 가르쳐달라고 신신당부를 해서요."

하긴, 내 얼굴 생김새가 영 개성이 없긴 하다. 그래서 어디서 본 것 같다는 말을 익히 들어왔는데, 그게 그날따라 적절하게 작용하고 있었다. 게다가 그분은 내게 기막힌 힌트를 알려주었다.

"자동차 주행 시험장에는 점수 환산을 위한 센서가 달려 있어요. 그 센서에 맞춰 정확하게 차가 서야만 점수가 찰칵, 하면서 올라가는 거예요."

분명히 빨간 불이 들어와 브레이크를 잘 밟았는데도 이상하게 점수가 안 올라간 이유가 바로 센서에 있었던 것이었다.

"사람이 아닌 기계로 점수를 매기는 것이니 당연한 이치지요."

그분의 설명을 듣고 나니 왜 그동안 점수가 안 올라갔는지 조금 알 것도 같았다. 그분은 친절하게 어디에 센서가 붙어 있는지 가르쳐주었고, 설명대로 센서에 맞춰 운전하니 금세 30점 이상이 나왔다. 지금 생각해 보면 그분은 날개만 없었지, 하나님이 보내주신 천사였다. 결국 그분 덕분에 시험날에는 40점 만점에 36점을 받아 한번에 코스와 주행을 모두 합격했다. 기적적으로 국제 운전 면허증을 따게 된 것이다.

그런데 일본에 돌아와 보니 한국과 운전대가 반대여서 나 같은 몸치는 운전하기가 쉽지 않았다. 게다가 운전은 남편에게 배우면 절대 안 된다고 하지 않던가! 몸치인 나를 옆에 태우고 날마다 집 근처를 돌아야 하는 신 목사는 오죽 답답했겠는가. 그저 신 목사에게 된통 야단맞은 기억밖에 없다.

'역시 나는 운전은 안 되겠어!'

계속해서 그런 생각만 들어서 결국 운전대 잡는 것을 포기하고 말았다. 그러니 그 운전 실력으로 비 오는 고속도로를, 그것도 고베까지 주행하는 건 정말 무리였다. 하지만 그날 내 국제 운전 면허증이 꼭 필요했기에, 하나님은 급히 시험 날짜를 조정해주시고 천사 같은 선생님을 만나게 해주신 게 아니었을까.

고속도로에서의 접촉사고 후 편지함에 기쁜 소식이 날아들었다. 신 목사에게 경찰서로 나오라는 통지서가 아니라, 신 목사의 면허증이 갱신되었다는 소식이었다. 정말 내 꿈처럼 그 경찰이 눈감아준 모양이었다. 아무리 외국인이라 하더라도 일본 경찰이 무면허 운전자의 교통위반을 봐준다는 것은 기적 중의 기적이라고 모두들 입 모아 말했다.

나같은 부족한 사람을 운전면허시험에 붙게 해주시고 필요할 때 사람도 붙여주시는 하나님. 우리 부부가 무면허 사고로 일본에서 쫓겨나지 않고 일본 목회를 계속할 수 있게 하신 것도 모두 하나님의 은혜다.

지금 나는 운전의 도사가 되어버렸다. 아줌마가 집에서 솥뚜껑 운전이나 하지 차는 왜 끌고 나왔냐는 남자 운전자들의 말에 나는 이제 자신 있게 큰소리칠 수 있다. 솥뚜껑 운전, 아침에 다 끝마치고 나온 거라고.

우리가 알거니와 하나님을 사랑하는 자 곧 그의 뜻대로 부르심을 입은 자들에게는 모든 것이 합력하여 선을 이루느니라 _로마서 8:28

20
성은이가 말을 하게 되었어요

"우와~ 꽃 예쁘다. 그치, 엄마?"

비록 정확한 발음은 아니었지만, 지난 봄 소담스레 피어 있는 꽃들을 바라보면서 성은이가 내게 한 말이다. 그뿐이 아니었다.

"아빠~ 사랑해요!"

성은이는 아빠를 무척 좋아하는데, 종종 말꼬리를 올리며 이렇게 말하고는 아빠를 꼭 껴안고 뽀뽀한다. 게다가 요즘은 세련되게 '대디'라고도 부른다. 교회에 있는 영어 교실에서 배웠단다. 미국 사람이 아기를 데리고 지나갈 때에도 성은이는 결코 그냥 지나가는 법이 없다.

"하이, 베이비~"

가까이 다가가서 꼭 영어로 말을 건네야 직성이 풀리는가 보다. 그러면 미국 엄마는 웃으면서 날 쳐다본다. 성은이 옆에 엉거주춤 서 있던 나는 쥐구멍이라도 있으면 숨고 싶은 심정이었다. 뿐만 아니라 비행기 안에서 음료수를 시킬 때도 한국말로 해도 될 것을 꼭 영어로 말한다.

"애쁠 쥬~스."

성은이는 머릿속에 입력되어 있는 영어 단어를 200퍼센트 활용한다. 많은 단어가 입력되어 있어도 외국사람 보고도 말 한 마디 못 붙이고 휑하니 지나치는 나보다 훨씬 똑똑하다. 이렇게 말을 잘하게 된 성은이를 보면 늘 신기하고 감사하기만 하다. 성은이가 말을 할 수 있으리라고는 정말 꿈에도 상상하지 못했기 때문이다. 성은이는 만 세 살까지 오직 '엄빠'라는 한 마디만 할 뿐이었다. 자신의 원하는 바를 잘 알아채지 못하는 엄마를 볼 때마다 성은이는 얼마나 답답했을까. 그 시절 나는 꿈에서 성은이와 대화를 하곤 했다.

일본에서 처음으로 성은이가 종합검진을 받으러 가던 날, 담당 의사 선생님은 다음과 같이 말씀하셨다.

"이 아이는 귀로는 다 알아들을 수 있기 때문에 언젠가는 틀림없이 말을 잘하게 될 거예요. 지금은 약하지만 열심히 훈련하면 잘 걷게 될 수도 있어요. 그러니 전문적인 언어치료와 물리치료를 받아보시는 게 좋을 것 같아요."

선생님은 오사카에서 큰 규모로 운영되고 있는 장애인 재활센터를 소개해주었다. 성은이는 그곳에서 일주일에 한 번씩 언어치료와 물리치료를 받았다. 언어치료 담당 선생님은 예쁜 여자 분이었다. 선생님은 성은이를 위해 조그맣고 네모난 빨간 기계를 가지고 오셨다. 단어나 그림이 있는 카드를 한 장 끼워 넣으면 카드가 옆으로 지나갔는데, 그때 카드 내용을 음성으로 말해주는 기계였다. 예를 들어, 바나나 그림의 카드를 끼우면 카드가 옆으로 지나가면서 '바나나, 바나나, 바나나, 바나나, 바나나'를 반복하는 것이다. 단어뿐만이 아니었다. 인사하는 그림이 그려진 카드를 끼워 넣으면 카드가 옆으로 지나가면서 인사말을 했다.

"곤니찌와, 곤니찌와, 곤니찌와, 곤니찌와……."

즉, 시각화되어 있는 그림이나 단어를 음성으로 청각화시켜주는 기계인 셈이다. 어른인 내가 봐도 너무 신기했고 재밌었다. 성은이는 이 기계를 너무나 좋아했다. 자신이 좋아하는 그림을 직접 끼우면서 반복적으로 그 음성을 듣고 따라했고, 머지않아 비슷하게나마 발음할 수 있게 되었다. 언어치료 선생님은 이런 성은이를 위해 계속 연습할 수 있도록 기계와 카드를 빌려주었다. 성은이는 집에 돌아와서도 그 기계를 장난감이라 여기며 열심히 발음 훈련을 했다.

이렇게 계속해서 언어치료를 받자 발음할 수 있는 자음과 모음이 제법 많이 늘게 되었다. 예를 들면 ㄷ, ㅁ, ㅂ, ㅇ 등의 자음이나 ㅏ, ㅓ, ㅡ, ㅜ 의 모음이 비슷하게나마 가능하게 된 것이다. 그렇게 자음과 모음을 많이 익히자 성은이가 말할 수 있는 단어들도 늘어났다. 물이 마시고 싶을 땐 '무'라고 했고, 우유가 마시고 싶을 땐 '우우'라고, 배고플 땐 '바'라고 말했다. 정확한 발음은 아니었지만 나는 성은이가 원하는 것이 무엇인지 충분히 알 수 있게 되었다. 그러더니 급기야 '엄빠'를 '엄마'와 '아빠'로 구별해서 말할 수 있게 되었다. 이후에는 성은이가 잘 못하는 발음을 집중적으로 연습했다.

언어치료 선생님은 ㄱ, ㅋ 같은 발음을 훈련시키기 위해, 입에 물을 넣

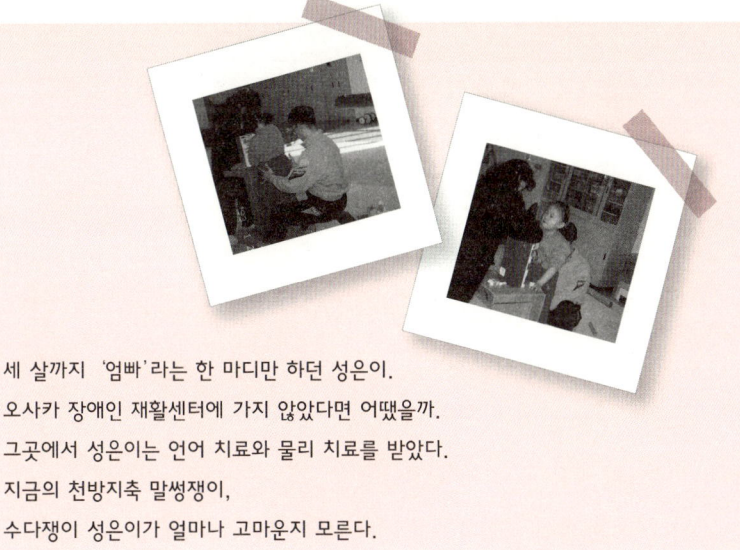

세 살까지 '엄빠'라는 한 마디만 하던 성은이.
오사카 장애인 재활센터에 가지 않았다면 어땠을까.
그곳에서 성은이는 언어 치료와 물리 치료를 받았다.
지금의 천방지축 말썽쟁이,
수다쟁이 성은이가 얼마나 고마운지 모른다.

고 삼키지 않은 상태로 고개를 젖히고 가글을 하게 했다. 그리고 평소에도 양치하면서 이 연습을 자주 시키라고 당부했다. 처음에는 성은이가 물을 삼키기만 할 뿐 가글을 하지 못했지만 매일 연습하니 물을 입에 물고도 가글을 할 수 있게 되었고, 머지않아 ㄱ, ㅋ 발음도 비슷하게 흉내 낼 수 있게 되었다. 또한 컵에 물을 담고는 빨대로 부~ 하면서 불어 ㅂ, ㅍ 발음을 연습했고, 콧소리 내는 훈련을 통해 ㄴ 발음을 연습했으며, 혀 사이로 공기를 내뱉으면서 ㅅ, ㅈ 발음을 연습했다. 뿐만 아니라 말을 잘하기 위해서는 호흡을 크게 하는 게 중요하다 하여 매일 비눗방울 놀이를 했다. 그 때문인지 성은이는 지금까지도 비눗방울 놀이를 가장 좋아한다. 이렇게 일주일에 한 번씩 언어치료를 받자 성은이가 구사할 수 있는 단어가 많이 늘었다.

성은이 다리는 흔히 말하는 쭉 빠진 '롱 다리'인데, 태어났을 때 다리가 너무 날씬하고 예뻐서 친구들이 축하한다고, 성공 했다고 말할 정도였다. 하지만 다리 힘이 약했기에 물리치료 선생님은 절대 무리해서 운동을 시키지 않았다. 그저 성은이가 즐겁게 놀이를 하도록 유도하면서 뒤에서 다리를 잡아주었다.

선생님은 종종 성은이와 내가 함께 장난감 볼링을 하게 했는데, 그때마다 선생님은 성은이 뒤에서 다리를 꽉 잡아주었다. 성은이가 다리를 곧게 펴고 두 무릎을 붙인 채 똑바로 서서 공을 굴리도록 도와주는 것이었다. 성은이가 공을 굴리면 나는 넘어진 볼링 핀을 다시 일으켰고 공을 다시 성은이에게 갖다 주었다. 이렇게 반복해서 놀이를 계속하면 오히려 내

다리와 허리가 너무 아파서, 마치 헬스장에서 트레이닝 받는 것 같은 착각이 들 정도였다. 성은이는 볼링하는 동안 너무도 즐거워했고, 오랜 시간 서 있어도 다리 아픈 줄도 모를 정도로 재미있어했다.

뿐만 아니라 선생님은 담력을 키우기 위해 커다란 그네를 태워주고 볼풀에서 놀게 했으며, 큰 공 위에 앉아 놀게 하기도 했다. 이렇듯 여러 가지 놀이에 집중하며 오랜 시간 근육 강화 훈련을 한 결과, 성은이 다리 힘은 점차 좋아졌다. 또한 콩을 집어 통 속에 넣는 소근육 훈련을 통해 다양한 손가락 운동도 했는데, 가위질도 제대로 못했던 성은이가 이젠 제법 가위질도 할 수 있게 되었다. 갑작스런 일본 선교행에 두말없이 순종한 우리 부부에게 하나님은 더 큰 것을 예비해주셨던 것이다.

요즘은 성은이가 목소리가 너무 크고 말이 너무 많아서 오히려 시끄럽다. 1층부터 7층까지 온 교회를 활개치며 돌아다니곤 한다. 하지만 아무 말 없이 유모차에 앉아만 있던 조용했던 어린 시절을 돌이켜보면, 지금의 천방지축 말썽쟁이 성은이가 얼마나 고마운지 모른다. 주위 분들에게는 죄송하지만 말이다. 지금도 성은이의 시끄러운 목소리가 여기저기서 들려올 때마다 내 입가에는 아무도 이해하지 못할 행복한 미소가 번진다.

21
성은이도 이젠 어엿한 1학년

어느 3월이었다. 겨우내 죽은 것만 같던 나무와 풀들이 봄이 온 것을 알았는지 파릇파릇 새싹이 돋기 시작했다. 방학을 마치고 등교하는 학생들 얼굴도 그저 푸릇푸릇하기만 했다. 한국은 이렇듯 3월 초에 개학을 하지만 일본은 벚꽃이 만발하는 4월이 되어서야 비로소 새 학년을 시작한다. 한국인이 새싹 돋는 3월을 신선하고 새로운 달로 생각하듯이, 일본인은 꽃피는 4월을 새롭고 특별한 달로 여기는 것이다.

그해, 성은이에게도 평생 기억에 남을 소중한 4월이 찾아왔다. 1993년 4월, 초등학교 1학년에 입학하라는 입학 통지서가 날아온 것이었다. 정들었던 아이젠바시 보육원을 졸업하고 이제 어엿한 1학년 언니가 된다는 것이 믿어지지 않았다. 사실 말이 초등학교 1학년이지, 내 눈에 성은이는 아직도 아기였다. 하지만 막상 초등학교 입학 통지서를 받아들고 보니 불현듯 걱정이 앞섰다. 몇 년 더 보육원을 다니게 하고 싶은 마음이 굴뚝같았지만, 일본의 교육 시스템상 발육 속도에 상관없이 나이에 맞춰 입학해야 했다. 나로서도 어쩔 도리가 없었다.

일본에서는 등록된 주소지에서 가장 가까운 초등학교로 배정받게 되어 있었다. 당시 우리 집 주소가 오사카 타이코쿠조였기에 성은이가 배정받은 초등학교는 타이코쿠 소학교였다.

그렇게 입학식 날이 되었다. 학부모들은 너나 할 것 없이 일찍 와서 미리 강당에 자리를 잡았고, 나 역시 중간 구석쯤 자리를 잡았다. 1학년 입학생들이 손에 손을 잡고 강당으로 입장했고, 성은이도 친구들과 손을 마주잡고 강당으로 들어섰다. 난생 처음으로 경험한 일본 초등학교의 입학식. 강당 앞에는 태극기가 아닌 일장기가 걸려 있었고, 모두가 애국가 대신 일본의 국가를 불렀다. 당연한 일인데도 그렇게 어색하고 이상할 수가 없었다. 그래도 검정 주름치마와 하얀 블라우스, 검정 자켓의 교복을 멋지게 차려입고 일반 아이들과 함께 의젓하게 입학식장에 앉아 있는 성은이가 어찌나 의젓하고 대견스럽던지……. 성은이의 교복이 내가 초등학교 다닐 때 입던 교복이랑 비슷해서 어린 시절이 떠오르기도 했다.

그러나 어릴 때 추억도 잠시, 곧 가슴이 콩닥콩닥 뛰기 시작했다. 입학식이 너무 엄숙했기 때문이었다. 성은이가 가만히 앉아 있을 아이가 아닌데……. 혹시라도 입학식이 성은이 때문에 난장판이 되는 것은 아닐까 노심초사하고 있었다. 그런데 고맙게도 낯선 남자 분이 계속 성은이 옆에 앉아 있는 것이 아닌가. 그분 덕분에 성은이는 마지막까지 조용히 입학식을 잘 치를 수 있었다. 나중에 알고 보니 그분은 성은이를 담당하고 책임지게 된 희망교실 특수학급 담임인 마키 선생님이었다. 그해에 그 학교에 입학한 장애아가 성은이 한 명뿐이었기에, 선생님이 계속 성은이 옆에 앉아 있을 수 있었던 것이다.

이곳으로 이사하기 전에 살던 곳, 그러니까 니혼바시 집 근처 초등학교에는 이런 특수학급이 없었다. 오사카의 모든 초등학교가 특수학급 시스템을 갖추고 있지는 않은 듯했다. 성은이의 초등학교 진학 문제는 염두에 두지도 못한 채 교회 위치에 따라 이사를 했는데, 초등학교 입학 통지서가 날아오기 불과 몇 개월 전에 주소지가 바뀐 것이었다. 그래서 특수학급 시스템이 있는 타이코쿠 소학교에 입학이 가능하게 되었다. 기독교 재단의 아이젠바시 보육원도 친히 인도해주시더니, 초등학교까지 이렇듯 세심하게 인도하신 하나님의 손길에 다시금 감사하지 않을 수 없었다.

성은이는 1학년 1반으로 배정받았는데 그 반에는 약 30명 정도의 아이들이 있었다. 교실은 2층에 위치해 있었다. 난 매일 아침 성은이와 함께 등교했는데, 성은이가 학교에 도착하면 아이들이 이렇게 소리쳤다.

"성은 짱 깃다요(성은이 왔다)!"

그리고는 반 아이들 전체가 1층으로 우르르 내려왔다. 다리가 불편한 성은이가 혼자 계단 오르기가 힘들다는 것을 알고는 손을 잡아주려고 내려오는 것이었다. 일본 아이들은 유치원이나 보육원에서부터 장애 아이들과 함께 지내기에, 그들을 어떻게 도와야 하는지 알고 있는 듯했다.

성은이 선생님은 1학년 1반 담임 선생님과 특수학급 선생님, 이렇게 두 분이었다. 평소에는 일반 아이들과 함께 공부하다가 국어, 산수 등 따라가기 어려운 과목 시간에는 특수학급에 가서 공부하는 시스템이었다. 물론 조례와 종례는 다시 교실에 올라가서 했다. 성은이를 맡아준 두 분다 모두 좋은 선생님이었지만, 특히 특수학급의 마키 선생님은 기억에 선명하게 남아 있는, 정말 잊을 수 없는 소중한 선생님이다.

오사카 타이코쿠 소학교 운동회. 성은이와 함께 달리는 마키 선생님

마키 선생님은 학교에서 있었던 일을 큰 노트에 일기 형식으로 빼곡히 적어서 보내주셨다. 그리고 내게도 똑같은 형식으로 적어 보내달라고 하셨다. 내 일본어 실력을 모르고 한 말이지만, 사실 내 머리에서는 쥐가 났다. 문장도 엉망진창, 글씨도 괴발새발, 정말 가관이었다. 하지만 마끼 선생님은 나의 엉성한 일본어 작문 숙제를 빨간 볼펜으로 일일이 체크해주고 가르쳐주셨다. 돌이켜보면 난 일대일 일어 작문 선생님을 공짜로 모신 셈이었다.

마키 선생님은 성은이를 위해 헌신적으로 수고와 봉사를 아끼지 않은 천사 같은 분이었다. 성은이가 침을 흘리고 있을 때 얼른 손으로 닦아주는 모습을 보고 나는 기절초풍하는 줄 알았다. 그게 어디 쉬운 일인가. 가족이라도 딸의 침을 손으로 닦기가 힘든 법인데. 나는 성은이를 진심으로 예뻐하는 마끼 선생님을 존경하지 않을 수 없었다. 그뿐 아니라, 선생님은 성은이가 학교에서 실수한 옷가지들을 친히 빨고 말려서 보내주셨다. 제발 그러지 말아달라고 아무리 부탁드려도 소용없었다.

"괜찮아요. 햇볕에 잠깐만 말리면 금방 말라요. 젖은 빨래 가져가는 것보다 낫죠."

이렇게 고맙고 친절한 마키 선생님 덕분에 성은이의 장애는 날이 갈수록 좋아졌다. 이처럼 끊임없이 고마운 사람들을 만나면서 일본에 대한 부정적인 이미지도 점점 좋아졌다. 물론 괴발새발 엉터리 같은 일본어 작문 실력도 서서히 늘어갔다.

주께서 나의 슬픔이 변하여 내게 춤이 되게 하시며 나의 베옷을 벗기고 기쁨으로 띠 띠우셨나이다 _시편 30:11

22
일본에서의 1학년 첫 수업 참관일

어느 날, 다음 날이 수업 참관일이라며 성은이가 학교에서 공부하는 모습을 보러 오라는 통지서가 날아왔다. 그런데 사실 나는 학교에 가고 싶은 마음이 들지 않았다. 아마 수업 참관일에 학교 가기 싫어하는 부모는 흔치 않을 것이다. 우리 아이가 학교에 잘 적응하고 있는지, 친구들과는 잘 사귀고 있는지, 선생님은 어떤 분인지 등, 일반 부모들은 이런 기대에 부풀어 학교를 찾아가지 않는가. 하지만 나는 초조하고 불안했다. 몇 년 전 보육원 운동회 때와 같은 그 느낌이 다시 다가온 것이었다. 잘 걷지도 뛰지도 못하는 성은이를 수많은 일본 학부모들 앞에 공개적으로 보여야 했던 그 불안감 말이다. 더구나 당시의 초등학교는 어떤 상황인가. 일본 아이들 속에 단 한 명의 외국인, 그것도 정상 아이들 속에 단 한 명뿐인 장애인.

'난 엄마 자격이 없어. 제대로 된 엄마가 되려면 아직도 멀었어.'

다음 날 아침이 되자 이런 생각이 물밀듯 밀려왔다. 그날이 엄마들이 오는 수업 참관일임을 아는 성은이는 기분이 들떠서 난리였다.

"우리 엄마도 오늘 오지?"

천진난만한 성은이가 뒤집어지는 내 속을 어찌 알겠는가. 이토록 엄마 오기를 학수고대하고 있으니 가는 수밖에 없었다. 일단 얼굴에 철판을 까는 게 중요했다. 그렇게 학교를 찾아갔다. 속은 뒤집어지고 있었지만 겉으로는 아무렇지도 않은 양 자연스럽게 계단을 성큼성큼 올랐다. 그리고 교실에 들어갔더니 처음 보는 일본 엄마들이 자기 아이를 보기 위해 교실 뒤에 가득 서 있었다. 나 역시 한쪽 귀퉁이에 대충 한 자리를 차지하고 서 있었다.

국어시간이었다. 그런데 성은이가 특수학급으로 가지 않고 교실에 그대로 남아 있는 것이 아닌가. 게다가 담임 선생님은 아이들에게 하얀 종이를 한 장씩 나누어주면서 이렇게 말씀하셨다.

"다음 주면 여름방학이죠?"

"네!"

"이 종이에 이번 방학 때 무엇을 할 것인지 적어보세요. 다 적은 사람은 앞으로 나와서 친구들과 엄마들 앞에서 발표해보세요."

맙소사! 아직 글을 쓰기는커녕 읽지도 못하는데, 게다가 모든 엄마들이 보는 앞에서 발표라니, 정말 큰일이었다. 이 상황을 도대체 어떻게 대처해야 할지, 차마 눈 뜨고 볼 수 없을 것 같았다. 다른 아이들은 뭘 그리 열심히 적는지 조용한 가운데 사각사각 연필 소리만 들렸다. 성은이 혼자 멀뚱멀뚱 눈을 뜨는 뒤를 돌아보기도 하고 옆 짝꿍이 쓰는 걸 쳐다보기도 하면서 백지를 두고 할 일 없이 앉아 있었다. 그렇게 한참 시간이 흘렀다.

"자, 다 썼지요? 그럼 누가 제일 먼저 발표해볼까요?"

선생님의 말이 끝나기 무섭게 성은이가 손을 번쩍 들었다.

'오, 주여!'

나는 너무 깜짝 놀라서 심장이 멎는 것만 같았다. 백지 상태인 주제에 이렇게 많은 엄마들 앞에서 뭘 어떻게 발표하겠다고 저리도 자신감 넘치게 손을 든단 말인가. 다행히도 선생님은 다른 아이를 먼저 발표하게 했다. 그러나 성은이는 계속해서 손을 들고 있었다. 저 못 말리는 무대 체질은 도대체 누구 피를 물려받은 것일까. 선생님은 하는 수 없이 성은이를 앞으로 나오라고 했다. 이런 성은이의 모습을 한두 번 겪은 게 아닌 듯했다. 아무것도 없는 하얀 종이를 받아든 선생님은 먼저 소리 내 말했고, 성은이에게 따라하도록 했다.

"와다시와~(나는)"

"와다시와~"

"곤도노 나쯔 야스미니~(이번 여름에)"

"곤도노 나쯔 야스미니~"

"잇쇼오켐메이니~(열심히)"

"잇쇼오켐메이니~"

"홍오 욘데~(책을 읽고)"

"홍오 욘데~"

부끄러워하는 나와는 달리, 선생님을 따라하는 성은이는 너무나 당당

1학년 입학식날의 성은이

하고 의젓했다. 어찌나 크게 선생님을 잘 따라 말하는지, 교실이 떠나갈 듯했다.

'저건 분명히 아빠 DNA야.'

잠시 이런 생각이 스쳐 지나가기도 했다. 성은이의 당당한 모습에 교실 안에 있던 사람 모두가 큰 박수를 보내주었다.

'휴우.'

그렇게 성은이 차례가 잘 넘어갔다. 그런데 정작 문제는 다른 아이에게 있었다. 한 아이가 많은 사람들 앞에 나가는 것이 너무 떨려서, 선생님이 이름을 불러도 서 있기만 한 채 한 발짝도 앞으로 나가지 못하고 있었다.

"그럼 우리 친구는 맨 마지막에 해요."

그렇게 다른 친구들을 먼저 발표시켰는데 선생님이 이 친구를 깜빡 잊은 모양인지 수업을 마무리하려고 했다.

"자, 안 한 친구들 없이 다 끝났죠?"

그렇게 선생님이 말씀하시자 갑자기 성은이가 벌떡 일어섰다. 잠잠해졌던 내 심장이 다시 콩닥콩닥 뛰기 시작했다.

'성은아, 엄마들 다 보고 있는데 또 왜 일어나니?'

말은 못 했지만 나는 속으로 이렇게 외치고 있었다. 성은이는 너무 떨려서 발표하지 못한 친구에게 가고 있었다. 선생님은 그제야 성은이의 마음을 알아차렸다.

"아참, 발표 안 한 친구가 한 명 있었죠? 앞으로 나와 발표해보세요."

성은이는 그 친구 손을 잡고 함께 앞으로 나가주었다. 게다가 자기가 무슨 그 친구의 보디가드라도 되는 것처럼, 발표를 다 마칠 때까지 그 친구 옆에 서 있어주었다. 그리고는 그 친구가 발표를 마치자 다시 손을 잡고 친구 자리까지 함께 가주었다. 자기 멋대로 교실 안을 자유자재로 돌아다닌 것이다. 그러자 선생님께서 이렇게 말씀하셨다.

"우리 성은이 아니었으면 저 친구 발표를 깜빡 잊어버릴 뻔했어요. 성은 짱 고마워요."

그리고는 이어서 말씀하셨다.

"우리는 장애를 가진 친구를 항상 도와주어야 한다고 생각하지만, 우리가 장애를 가진 친구에게 도움받는 경우도 많이 있어요. 오늘 우리 성은이가 저 친구에게 너무 착한 일을 해주었어요."

그날 누구보다 당당했던 우리 성은이가 어찌나 자랑스럽고 고맙던지……. 그리고 부끄러워했던 나는 왜 그리 초라해 보이던지……. 수업 참관 이후, 성은이는 반 친구들과 담임 선생님께 더욱 사랑받는 아이가 되었다. 나 역시 내가 성은이의 엄마라는 사실이 부끄럽지 않게 되었다.

성은이는 지금도 그놈의 못 말리는 끼와 무대 체질을 숨기지 못하고 기회만 되면 앞에 나서려고 한다. 우리 조상 중에 잘나가는 연예인이 계시지 않았는지 한번 알아봐야 할 것 같다.

23
우린 한 번도 안 싸운 부부?

"**목사님** 부부는 너무 많이 닮으셔서 꼭 남매같이 보여요."

신혼 때 우리를 보고 이렇게 말하는 사람들이 참 많았다. 그러나 알고 보면 우리 부부는 닮은 구석이 없는 편이다. 신 목사 얼굴은 갸름한 계란형이지만 내 얼굴은 넙대대한 호빵형이다. 신 목사 코는 뾰족하고 날카롭지만 내 코는 납작하고 처졌다. 어느 곳 하나 닮은 데가 없건만, 도무지 뭘 보고 닮았다는 건지 이해할 수가 없었다. 아, 그러고 보니 닮은 구석이 있긴 있다. 손발 사이즈가 똑같다. 내 발도 240, 신 목사 발도 240이다. 신 목사는 종종 235도 신는다. 그래서 우리는 운동화 하나를 사서 같이 신기도 한다. 발이 작은 신 목사는 볼링장에 가면 빨간색 여자 신발을 신고 볼링을 친다. 공은 손으로 굴리고 있는데, 주위 사람들 눈이 자꾸만 신 목사 발로 간다. 장갑도 굳이 두 개를 살 필요가 없다. 하나만 사서 한쪽씩 끼고는 다른 쪽 손은 서로 잡고 주머니에 넣으면 그만이기 때문이다.

"저희는 생김새도 닮았지만 성격도 아주 잘 맞아요. 아직 한 번도 부부 싸움을 한 적이 없답니다."

신 목사는 어깨를 들썩이며 이렇게 자랑스레 말하곤 했다. 그 후로 이 말이 올무가 되어 싸우고 싶은 일이 생겨도 꾹 참게 되었다.

'그래, 우리 부부는 아직 한 번도 안 싸웠다고 남들 앞에서 큰소리쳤는데……. 별 것도 아닌 겨우 이런 문제로 싸우면 안 되지.'

일본에서 어머님과 행여 의견충돌이 있을 때에도 마찬가지였다. 다른 집에서는 몰라도 목사 집에서 큰 소리가 나면 안 되지 하면서 서로 꾹꾹 눌러 참고 살았다.

그러던 어느 날, 일본에서 가장 북쪽에 위치한 홋카이도에서 조용기 목사님의 성회가 있었다. 일본에 살면서 한 번쯤 꼭 가보고 싶다고 동경하던 아름다운 곳이었다. 홋카이도에는 4월에도 눈이 쌓여 종종 눈 축제를 열기도 한다. 또한 신기한 온천이 많은데 온천물이 개울로 흘러 개울에서도 김이 모락모락 나기도 하고, 활화산처럼 산 위에서 연기가 피어오르기도 한다. 당시 성회는 일본에 있는 모든 교회 목사님 부부가 함께 모이는 자리였다. 드디어 말로만 듣던 홋카이도에 갈 수 있게 되어 나는 흥분된 상태였다.

"어머님, 조 목사님 성회 때문에 모두 부부 동반으로 모인다는데 총회장 부부인 저희도 꼭 함께 가야 한다고 합니다."

"그럼, 당연히 가야지. 아이들 걱정 말고 즐겁게 지내다 오거라."

어머님은 늘 그러셨듯이 우리 부부를 기쁨으로 보내주셨다. 어머님께 아이들을 부탁하고는 드디어 꿈에 그리던 홋카이도에 갔다. 그리고 아름다운 홋카이도에 도착해 예정된 호텔에 짐을 풀었다. 그렇게 성회를 채

한 시간도 남겨놓지 않았을 즈음, 신 목사가 심각하게 말을 걸어왔다.

"당신 요즘 어머니한테 너무 소홀히 하는 것 같아. 아이들도 봐주고 계시는데 말이야. 당신이 어머니한테 지금보다 좀 더 잘해 드렸으면 좋겠어."

신 목사가 악의에 차서 한 말도 아니었는데 나는 은근히 화가 났다. 그리고 한편으로는 섭섭한 마음도 들었다. 만일 늘 내 편인 어머님이 옆에 계셨다면 신 목사에게 분명히 그런 말 하지 말라고 하셨을 텐데. 물론 나 역시 내가 어머님을 그리 잘 모시지 못하고 있다는 걸 잘 알고 있었다. 그래도 어머니가 안 계시는 자리에서만큼은 신 목사가 좋게 말해줄 줄로만 알았던 것이다.

"여보, 당신 혼자 일본에서 어머니 모시느라 참 수고가 많지? 너무 고마워."

뭐 이런 말 정도는 해줄 줄 알았다. 그런데 신 목사가 그리 이야기하니 지금까지 싸우면 안 된다고 꾹꾹 눌러 참았던 설움이 복받쳐 올라 눈물이 왈칵 쏟아졌다. 너무 울어서 화장도 다 지워지고, 얼굴이 말이 아니게 되었다. 한번 눈물이 쏟아지기 시작하자, 실타래에서 실이 풀리는 것처럼 일본생활에서 느꼈던 온갖 복잡한 감정들이 봇물 터지듯 한꺼번에 쏟아졌다. 미안하다고, 앞으로 더 잘하겠다고 간단하게 대답할 줄 알았던 내가 펑펑 우는 것을 본 신 목사는 더 큰 목소리로 말했다.

"당신이 뭘 잘했다고 울어? 미안하다고 한마디만 하면 되는 것을."

신 목사도 중재 역할을 하느라 힘들었던 게 드디어 폭발한 것 같았다.

조 목사님 성회가 바로 코앞인데, 하필 우리 부부는 그동안 참고 참았던 감정을 그날 다 쏟아낼 태세였다. 결혼 후 지금껏 참기만 하고 차마 내뱉지 못한 말들이 어찌 그리도 많은지……. 우리는 한꺼번에 그 감정들을 모두 토해내느라 서로 큰 상처를 주고 말았다. 그래서 둘 다 쇼크를 받아 거품을 물고 쓰러졌다. 울어서 눈은 퉁퉁 부었고, 화장한 얼굴은 도깨비처럼 망가지고 말았다. 도저히 그 상태로는 성회에 참석할 수 없을 것 같았다. 하지만 총회장 부부가 안 나타나면 모두 걱정할 게 불 보듯 뻔했다. 무너져버린 몸과 마음을 추스르고는 예배가 끝나기 전에 겨우 얼굴을 비췄다.

아름답고 멋진 홋카이도의 첫 방문에서 우리는 그 좋은 경치를 하나도 보지 못한 채 싸움만 진탕 하고 돌아온 셈이었다. 한참 뒤에 안 사실이지만, 신 목사는 나에게 했던 말과 똑같은 말을 어머님께 했던 것이다.

"어머니, 요새 며느리한테 잘 못해주시는 것 같아요. 그 사람도 일본에서 가족이라고는 어머니와 저밖에 없으니 신경 써서 좀 더 잘해주시면 좋겠어요."

그 바람에 어머님도 나처럼 역정을 내셨다고 한다. 남자들은 어쩜 그리 여자의 심리를 모를까. 만약 나에게 이렇게 말했더라면 어땠을까.

"여보, 당신 요즘 어머님께 너무 잘하고 있어. 정말 고마워."

그리고 어머님께는 이렇게 말했으면 오죽 좋았을까.

"어머니, 어머니 같은 좋은 시어머니는 세상에 둘도 없을 거예요. 며느리에게 잘해주셔서 정말 감사해요."

하지만 이미 엎질러진 물이었다. 신 목사 역시 이미 이쪽에서 터지고 저쪽에서 터진 상태였다. 알고 보면 남자들은 어머니와 아내 사이에서 샌드위치처럼 눌린 존재들이다.

그런데 그날 그 사건 이후 신 목사의 설교가 완전히 달라졌다. 그전까지는 어깨에 힘을 팍 주면서 이렇게 큰소리쳤었다.

"저희 부부는 여태 한 번도 싸워본 적이 없는 잉꼬부부랍니다. 여러분도 저희 부부처럼 웬만하면 싸우지 말고 꾹꾹 눌러 참고 사세요."

그러던 신 목사가 이렇게 말하는 것이 아닌가.

"여러분, 부부끼리 싸우고 싶을 땐 언제든지 참지 말고 싸우면서 사세요. 부부는 싸우면서 서로를 더 알아가고 이해하게 되며 더 사이가 좋아질 수 있다는 놀라운 진리를, 한 번 싸워보고 나니 이제야 비로소 깨닫게 되었답니다. 그리고 남편들이여, 어머니와 아내 사이에서는 반드시 양쪽 입장을 헤아려 지혜롭게 잘 말하세요. 저처럼 반대로 말해서 이쪽에서 터지고 저쪽에서 터지는 불상사가 일어나지 않도록……."

그 이후로는 우리 부부도 속상하거나 불만이 있을 땐 언제든지 터놓고 이야기할 수 있는 보통(?)의 참 부부로 거듭나게 되었다. 그런데 참 이상하다. 벌써 함께 산 지 25년이나 지났고 그만하면 싸울 만큼 싸운 것 같은데, 아직도 따질 말, 하고 싶은 말이 이리도 많은 건 도대체 왜일까?

24
정들었던 오사카순복음교회

일본도 5월 5일은 어린이날인데, 통상 어린이날을 전후하여 3~4일 정도가 연휴다. 대개는 아예 이 기간을 연휴로 정해놓고 여행을 하거나 푹 쉬곤 한다. 우리 교회도 매년 이 때마다 유명 강사들을 초빙해 부흥성회를 개최해왔다. 나 역시 전심으로 기도할 수 있는 기회란 생각에 이 기간 동안 작정 금식기도를 하곤 했다.

1994년에도 예외가 없었다. 우리는 3일 동안 한국의 유명한 부흥 강사 목사님을 모시고 부흥성회를 가졌고, 나는 3일 동안 작정 금식기도를 하며 교회를 위해, 성은이를 위해 간절히 기도했다. 신 목사는 강사 목사님께 우리 교회 성회를 부탁하고 도쿄순복음교회에 가 있었다. 도쿄순복음교회에서는 그날 조용기 목사님을 강사로 모시고 신주쿠에 위치한 새 성전 입당 예배를 드렸는데, 당시 아시아 총회장인 신 목사가 축사를 맡았기 때문이었다. 그런데 도쿄에 간 신 목사로부터 다급하고 심각한 어조로 전화가 걸려왔다. 마지막 금식기도를 하던 날이었다.

"여보, 너무 놀라지 말고 내 말 좀 들어봐."

내가 너무 놀랄까 봐 안심시키기 위해 천천히 말하는 것 같은 느낌이었다.

"저기……. 아무래도 우리 곧 도쿄로 이사해야 할 것 같아."

신 목사가 축사를 하기 위해 조 목사님 옆자리에 앉아 있는 중에 이런 대화가 오갔다는 것이었다.

"신 목사, 새로 이전한 이 도쿄 교회 어떤가? 자네 맘에 들지 않나?"

"네, 마음에 썩 듭니다. 깨끗하게 인테리어도 잘 되었고, 위치도 아주 좋습니다."

"신 목사가 이번에 이 교회 담임 목사로 좀 와야겠네. 총회장이 도쿄에 있어야지, 오사카에 있어서야 되겠는가. 또 이 교회에 여러 가지 어려움도 많고."

"네, 알겠습니다."

정든 오사카순복음교회를 떠나며

그 전화를 받는 순간, 하나님이 왜 나를 3일이나 금식시키시면서 내 입을 다물게 하셨는지 알 것 같았다. 금식 중이라 그런지, 전화선을 통해 들려오는 신 목사의 말이 마치 금식기도의 응답처럼 들려왔다.

'하나님이 도쿄로 가라고 하시는 걸 보면 아마 오사카보다 도쿄 쪽이 여러모로 성은이를 위해서는 더 좋은 모양이야.'

나는 전화를 받는 순간 이런 생각이 들었다.

"그럼요, 하나님이 가라고 하시면 도쿄뿐 아니라 어디든 가야죠."

나도 모르게 이처럼 기특하고 놀라운 대답이 튀어나왔다. 하나님이 신 목사의 목회 여정에 행여 내가 방해가 될까 봐 금식을 통해 내 입을 막으시고 침묵의 훈련을 시키신 모양이었다. 만약 내가 금식하지 않고 기도하지 않은 상태에서 그 전화를 받았다면 틀림없이 부정적인 반응을 보였을 것이고, 불평을 늘어놓았을 것이다.

"그럼, 우리 오사카 교회는 어떡해요? 이렇게 아름답게 교회 건축을 마쳤고, 교회도 막 부흥하려는데……. 성은이는 또 어떡해요? 좋은 선생님 만나서 이제야 학교에 적응 잘하고 있는데……. 그리고 왜 하필 그 문제 많은 교회에 또 우리가 가야 해요?"

만약 이렇게 불평불만을 쏟아냈다면 신 목사 마음이 얼마나 불편했겠는가. 이미 간다고 대답한 상태인데 나 때문에 어디 마음 편히 도쿄로 갈 수 있었겠는가. 그러니 하나님께서 아담을 힘들게 했던 하와 아줌마와 별반 다를 것 같지 않은 나를 아예 금식시킴으로써 입을 다물게 하신 것이다.

그 일이 있은 지 한 달여가 지난 6월 15일, 신 목사의 생일이라며 여선교회에서 신 목사의 생일잔치를 성대하게 베풀어주었다. 아직 오사카 성도들께 도쿄로 떠나야 한다는 말을 못 한 상태였다. 매년 6월이면 여선교회 집사님들은 잊지 않고 신 목사 생일을 챙겨주었다. 조촐하게나마 직접 생일상을 차려주는 등 생일 축하를 해주었다. 이전 생일 때에도 신 목사가 베데스다 대학 명예 박사학위를 받았다며 성대한 축하파티 겸 생일파티를 해주었는데, 그날은 아예 식당 한 곳을 예약해놓았다고 했다. 특별히 더 많은 성도들이 참석할 수 있도록 하기 위함이었다. 마치 오사카에서의 마지막 생일잔치임을 미리 아는 것처럼 말이다.

그런데 그 좋은 날 내 눈에서는 자꾸만 눈물이 흘러내렸다. 5년 동안 우리 가족에게 그저 사랑만 베풀어주신 성도들의 크나큰 은혜가 감사했고, 정들었던 교회와 성도들과 헤어져야 한다는 슬픔이 복받쳐왔다. 웃으려고 노력했지만 계속해서 눈물이 앞을 가렸다. 그렇게 성대하게 생일잔치를 잘 치른 후, 오사카 교회에서의 마지막 주일이 되었다. 예배 중 광고 시간에 신 목사가 이렇게 이야기했다.

"지난 5월 조 목사님 성회차 도쿄에 다녀오면서 결정 난 일입니다만, 도쿄 교회가 현재 어려운 상황에 처해 있어서 총회장인 제가 그곳으로 가야 된다고 하셨습니다. 여러분과 이제 헤어져야 할 것 같습니다. 지금까지 저희 가족을 진심으로 사랑해주시고 아껴주신 오사카순복음교회는 제 평생 잊을 수 없을 것입니다. 감사드립니다."

그러자 갑자기 분위기가 숙연해졌다. 한 분 한 분 손수건을 꺼내 들고는 울먹이며 찬송가를 부르기 시작했다.

> 우리 다시 만날 때까지 하나님이 함께 계셔
> 훈계로써 인도하며 도와주시기를 바라네
> 다시 만날 때 다시 만날 때 예수 앞에 만날 때
> 다시 만날 때 다시 만날 때 그때까지 계심 바라네

오사카순복음교회에서의 마지막 예배는 그렇게 끝났다. 지난 5년간 오사카 교회 성도들은 성은이와 예은이, 그리고 어머님과 우리 부부를 진심으로 아끼고 사랑해주었다. 어쩌면 성은이 덕분에 우리 가족이 더욱 사랑받았던 것인지도 모른다.

"목사님과 사모님은 그곳에 가셔도 사랑받으시겠지만 우리 성은이는 어떡해요. 저희야 성은이를 어릴 때부터 봐서 괜찮은데, 도쿄 성도들은 성은이에 대해서 전혀 모르잖아요. 성은이가 이곳에서처럼 사랑받으며 지낼 수 있을지 정말 걱정돼요."

어떤 분은 이렇게 이야기하기도 했다.

"사모님, 도쿄는 늘 지진이 많다던데 어떡하죠. 혹시 지진이 나더라도 너무 놀라지 마시고 몸조심하세요."

정든 성도들, 건축한 지 채 1년도 안 된 교회를 떠나기란 쉬운 일이 아니었다. 발걸음이 떨어지지 않았고 눈물이 앞을 가렸다. 지금껏 그래왔듯이 순종하는 자에게 주시는 하나님의 은혜가 너무나 크기에, 그 사랑과 감사를 알기에, 우리 가족은 오직 주님께 순종하는 마음 하나로 정들었던 오사카를 떠날 수 있었다.

신칸센을 타고 도쿄로 올라가는 밤, 많은 성도들이 기차역까지 마중 나와 눈물을 훔치며 손을 흔들어주었다. 그렇게 오사카에서의 마지막 밤이 흘러갔다.

제3장
사 랑

25
도쿄로 가는 대신 숲을 주세요

성은이는 지금도 거리에 떨어져 있는 나뭇잎 줍는 것을 무척 좋아한다. 낙엽 떨어지는 가을이 돌아오면 단풍잎, 은행잎, 감나무 잎 등 다양한 색깔과 다양한 모양의 낙엽들을 작은 두 손에 하나 가득 주워온다. 어느 날엔가는 온통 빨강색 단풍잎만, 혹은 노란색 나뭇잎만 주워올 때도 있다. 어디서 배웠는지, 책갈피에 꽂아놓거나 종이에 끼워 색칠놀이를 즐기기도 한다.

이렇게 성은이가 나뭇잎을 줍기 시작한 건 도쿄의 히가시도야마 소학교를 다닐 때부터였다. 집에 오기 위해서는 매일 학교 바로 앞에 있던 히가시도야마 공원 숲길을 지나와야 했기 때문이다. 그 숲길을 걸어오다 보면 자연을 통해 저절로 공부되는 것이 많았다. 누가 가르쳐주지 않아도 성은이 스스로 나뭇잎을 주우면서 같은 색깔과 같은 모양을 익혔다. 비단 나뭇잎만 주워오는 것이 아니었다. 산책 나온 강아지들을 만나면 그냥 지나치지 못하고 꼭 안아주거나 쓰다듬어주었고 말을 걸기도 했다. 그 외에도 울창한 나무들이 만들어주는 시원한 그늘 밑에서 뛰어놀면서 여러 종류의 새 소리, 풀벌레 소리와 곤충 소리를 들었고, 비둘기와 까마귀들이 노니는 모습을 보면서 자연스레 먹이도 주었다. 그때의 경험으로 인해 지금처럼 감수성 풍부한 아이로 성장할 수 있었다.

감수성 풍부한 성은이. 나라 사슴공원에서

그런데 사실 히가시도야마 공원은 기도로 얻은 선물이었다. 도쿄로 이사 오기 전, 오사카의 우리 집 바로 앞에는 그리 크진 않지만 아늑하고 보기 좋은 놀이터가 있었다. 그곳에서 성은이는 비둘기 떼에게 먹이도 주었고 그네를 타거나 미끄럼틀을 타며 놀 수 있었다. 뿐만 아니라 종종 예은이가 세발자전거 연습도 할 수 있어서 참 좋았다. 오사카를 떠나 도쿄로 가야 한다고 생각하니 여러 가지 아쉬운 점들이 많았지만, 그중 하나가 바로 집 앞에 있는 그 놀이터였다. 그 놀이터를 두고 떠나는 게 무엇보다 너무 아쉬웠다. 그래서 나는 이렇게 기도하기 시작했다.

"하나님, 도쿄에 가라고 하시면 가긴 가는데요, 이 놀이터보다 더 큰 숲을 주세요. 나무도 울창하게 우거지고 많은 종류의 새들이 찾아오고, 강아지들도 많이 찾아오는 그런 숲을 주세요. 아직 어린 성은이와 예은이가 자연과 함께 생활할 수 있게 해주세요. 그 숲으로 인해 '이사하길 참 잘했다'라고 여길 수 있도록, 좋은 환경을 허락해주세요."

사실 오사카보다 훨씬 더 번화한 도쿄에 그런 숲이 있을 리 있겠는가.

그래도 이렇게 좋은 교회, 이렇게 좋은 환경을 다 내려놓고 복잡다단한 도쿄로 가야 한다고 생각하니 이런 기도밖에는 나오지 않았다. 나 혼자만 아버지께 드리는 기도이다 보니 무작정 떼를 쓰며 기도한 것이다.

"성은이가 다닐 학교도 오사카의 타이코쿠 소학교보다 훨씬 더 좋은 학교로 주세요. 친절하고 좋은 마키 선생님과 헤어지는 것도 너무 섭섭합니다. 마키 선생님만큼 좋은 선생님을 만나게 해주세요. 오사카 교회만큼 좋은 분위기와 좋은 성도님들 만나게 해주세요."

사실 이건 내가 봐도 어린 아이가 다리 흔들면서 생떼 쓰는 수준의 기도였다. 오사카에 겨우 적응된 상태에서 다시 낯선 곳으로 이사 가야 한다는 두려움이 이런 기도를 하게 한 모양이었다.

그렇게 밤낮으로 기도하던 어느 날, 앉아서 기도만 할 것이 아니라 직접 도쿄에 가서 내 눈으로 학교를 확인해야겠다는 생각이 들었다. 집 주소에 따라 학교가 정해지니, 학교를 먼저 선택한 후 근처에 집을 얻어야겠다는 생각이 든 것이었다. 집 주소와 가장 가까운 학교로 배정받은 것을 이미 경험해보지 않았던가. 이 못 말리는 한국 엄마의 습성이 다시 고개를 들고 일어난 것이었다. 나는 아침 일찍 신칸센을 타고 도쿄로 가 신주쿠 구청의 교육계를 찾아갔다. 구청의 교육계를 혼자서 찾아가는 것은 이미 오사카에서 한 번 경험해보았으므로 까짓 거 별 문제가 되지 않았다. 당시는 일본말도 전혀 못했을 때였지만 이제 마키 선생님 덕분에 그 정도의 일본어는 식은 죽 먹기였다. 신주쿠 내에 장애 아이가 다닐 수 있는 학급 시설이 갖추어져 있는 소학교를 소개해달라고 했더니 다섯 개나 소개해줬다. 역시 도쿄였다. 오사카에는 그토록 부족하더니 신주쿠 내에는 다섯 개나 있었으니 말이다.

가장 먼저 찾아간 학교는 선생님들은 친절했지만 학교가 골목 주택가 안에 너무 깊이 박혀 있어서 성은이가 걸어 다니기에는 위험해 보였다. 운동장도 마치 테니스장처럼 푹신한 스펀지를 깔아놓아서 첫눈에 봐도 내가 지금껏 기도한 학교가 아님이 확실했다. 처음 가는 곳이라 지리를 잘 몰라 하는 수 없이 택시를 타고 두 번째 학교로 향했다. 택시 기사 아저씨는 신기한 듯 나를 보며 왜 이런 학교들을 찾아다니느냐고 물었다. 나는 오사카에서 도쿄로 이사해야 하는데 아이 학교를 먼저 정하고 집을 정해야 하기 때문이라고 대답했다. 아저씨는 내 말에 짐짓 놀라며, 혹시 한국 사람이냐고 물었다. 한국의 교육열은 익히 들은 바 있지만, 실제로 엄마들이 이렇게까지 학교를 중요하게 생각하는 줄은 몰랐다며 혀를 내둘렀다. 이런 교육열이 지금의 한국을 살리고 있는 것 같다고도 했다. 그 순간 나는 누가 뭐래도 애국자요, 위대한 대한민국의 아줌마였다.

택시에서 내려 두 번째, 세 번째 소개받은 학교를 다 돌아보았지만 그곳들도 내가 기도했던 학교가 아닌 것 같았다. 그리고 네 번째 학교를 방문했는데, 네 번째 학교를 보는 순간 나는 너무 놀란 나머지 뒤로 나자빠질 뻔했다. 그 학교 바로 앞에 지금까지 상상하며 기도한 바로 그런 숲이 펼쳐져 있던 것이었다. 히가시도야마 공원이라고 불리는 그 숲은 큰 나무가 얼마나 울창하게 우거져 있는지 하늘이 보이지 않을 정도였다. 까마귀와 비둘기 떼가 날아와 서식하고 있었으며, 강아지를 산책시키는 사람들도 많았다. 풀벌레 등 자연의 소리가 가득한, 정말 내가 머릿속에서 꿈꾸며 기도했던 그 모습 그대로였다. 학교 운동장도 흙으로 되어 있었고, 학교 앞 광장이 바로 그 숲과 연결되어 있어서 마치 그 숲이 학교 운동장처럼 보였다. 아이들은 그 숲을 '각고노 히로바(학교 광장)'라고 불렀다. 숲을 따라 한참 걸어 올라가면 '하코네 야마'라고 불리는 작은 동산이 나오는데, 가벼운 산책을 하기에 너무나 좋은 곳이었다. 그런 곳이 교회와 그리 멀지 않은 신주쿠 내에 정말로 존재하고 있던 것이었다. 너무나 놀란 나에게 마치 하나님께서 이렇게 친히 말씀하시는 것 같았다.

"내가 네 기도에 응답해주고 있으니 염려 말고 도쿄로 이사 가렴."

그 공원 안에 푹 파묻혀 있는 히가시도야마 소학교, 이곳이 바로 하나님께서 예비해주신, 내가 기도했던, 성은이가 가야 할 학교가 틀림없다는 확신이 들었다. 응답을 받았다는 생각에 하늘을 날아갈 것처럼 기뻤다. 나는 기쁜 마음을 안고 다시 신칸센을 타고 오사카로 내려왔다.

기도는 응답이라고 했던가. 우리의 구체적이고 현실적인 기도에 그대로 응답해주시는 살아계신 하나님을, 도쿄에서 발견한 성은이 학교를 통해 나는 또 한 번 깊이 체험하게 되었다.

26
오사카와는 다른 도쿄 교회, 도쿄 학교

1994년 7월, 우리는 드디어 이사를 했다. 오사카도 일본에서 두 번째로 큰 도시지만, 번화한 도쿄에 도착하자 오사카는 한적한 시골처럼 느껴졌다. 우뚝 솟은 높은 빌딩들, 이리저리 얽히고설킨 복잡한 도로망, 차로 가득 붐비는 신주쿠 도로. 역시 이곳은 일본의 수도 도쿄였던 것이다.

도쿄 교회 역시 내가 상상했던 것과는 많이 달랐다. 일본인들을 위한 예배실이 1층에, 한국인들을 위한 예배실이 2층에 나뉘어 있었고, 교역자와 성도들의 수도 오사카에 비해 훨씬 많아 과연 대형 교회임을 실감케 했다. 특히 농아부 성도들은 인상 깊었다. 예배 때 수화로 메시지를 전하는 전도사님의 모습과 활기차게 봉사하는 성도들의 모습이 참으로 신선하게 다가왔다. 여러 개로 조직된 성가대의 목소리는 하나같이 우렁찼고, 지휘하는 남자 집사님들의 손놀림도 힘 있어 보였다.

오사카에서는 그렇게 고민하고 고민하며 한국과 일본 선교회를 분리하느라 고생했었는데……. 이곳은 남녀선교회 집사님들, 교회학교 선생님들, 젊은이들로 구성된 찬양팀 등 조직적으로 움직이고 있었다. 또한

일본에서의 마지막 수업.
교실에서 작별하는 성은이

이미 일본 선교회, 한국 선교회로 분리되어 있었으며 모두들 각각의 소명대로 열심히 봉사하고 있었다. 뿐만 아니라 성도들의 표정도 하나같이 밝고 평안했다. 아무리 살펴봐도 그렇게 문제 많은 교회라고는 믿어지지 않았다. 내 눈에 비친 도쿄 교회는 앞으로 좋은 이미지로 변화될 것처럼 보였다. 그리고 실제로 모든 성도들이 이렇게 이야기하곤 했다.

"교회가 너무 달라졌어. 교회가 예전보다 참 밝아졌고 많이 평안해졌어."

하나님은 그렇게 도쿄 교회를 조용히 변화시켜주고 계셨다.

성은이도 히가시도야마 소학교에 등교하기 시작했다. 매일 교복을 입고 모자 쓰고 학교 다니던 오사카 때와는 달리, 이 학교는 교복이 없었다. 주름치마와 하얀 블라우스, 검은 자켓과 모자 대신 편안한 바지와 티셔츠를 입혀 보내려니 조금은 어색했다. 하지만 편안한 옷차림만큼 성은이의 마음가짐도 더 편안해 보여서 안심이 되기도 했다.

등교하는 첫날, 성은이와 손을 잡고 학교에 들어섰는데 당번으로 보이는 어린이들이 분주하게 닭장과 토끼장을 청소하며 먹이를 주고 있었다. 내가 다니던 초등학교에도 운동장 한쪽에 닭과 토끼, 심지어 원숭이까지 있었지만 청소는 모두 학교 아저씨들의 몫이었는데, 참으로 신선했다. 히가시도야마 소학교는 오사카 때와는 여러모로 시스템이 달랐다. 장애 아이들은 학년에 관계없이 모두 '와카쿠사 교실'이라는 커다란 교실에서 함께 공부했다.

이 교실은 햇볕이 가장 잘 드는 남향에 위치해 있었고, 행여 다리가 불편한 친구들이 다니기에 불편함이 없도록 건물 입구에서 가장 가까운 1층에 있었다. 교실 위치 하나만 봐도 이 학교가 얼마나 장애 아이들을 배려해주고 있는지 알 수 있었다. 바로 옆방에는 와카쿠사 교실만 담당하는 선생님들의 교무실이 따로 붙어 있었다. 오사카에서는 성은이가 일반 아이들과 같은 반에 함께 속해 있었고, 마끼 선생님 책상도 일반 선생님들과 함께 일반 교무실 안에 있지 않았던가. 국어나 산수시간을 제외한 나머지 수업도 모두 2층 교실에서 일반 아이들과 함께 했었는데…….

하지만 이곳은 장애 아이들과 일반 아이들이 별개의 교실에서 공부하기 때문에 장애 아이들이 일반 아이들과 함께 공부할 수 있는 시간이 전혀 없었다. 어떻게 한 나라에서 이토록 장애 교육 시스템이 다를 수 있는지, 외국인인 내 눈에는 정말 신기하기만 했다. 성은이가 과연 이렇게 달라진 시스템에 적응할 수 있을까 걱정이 되어 선생님께 여쭤보았다.

"오사카 때는 일반 아이들과 장애 아이가 함께하는 시간이 많았는데, 여기에서는 왜 일반 아이들과 함께 수업을 하지 않나요?"

"그건 어머님들의 욕심이에요. 대부분의 어머님들은 우리 아이가 일반 아이와 함께 있어야 장애가 좋아진다고 생각하지만, 우리 친구들은 일반 아이들과 같이 공부하는 게 어쩌면 스트레스가 될 수 있거든요. 우리 친구들 눈높이에 맞게 재미있게 수업하는 게 훨씬 더 도움이 되지요."

그러고 보니 성은이가 1학년 때까지는 그런대로 성적이 괜찮았는데 2학년이 되니까 일반 아이들과 격차가 너무 벌어져 웬만한 공부는 거의 따라가지 못했었던 것 같았다.

와카쿠사 교실에는 성은이를 포함해서 열 명 정도의 학생들이 있었는데, 자폐아동이나 지적 장애아동이나 특별한 구별 없이 모두 한 교실에서 공부했다. 특수교육을 전공한 베테랑 선생님들이 세 분이나 있었고, 예쁜 여자 보조교사 선생님도 한 분 있었다. 즉, 보조교사까지 총 네 분의 선생님이 열 명의 학생들을 교육하고 있는 셈이었다.

뿐만 아니라 운동장이 흙으로 되어 있어서 한쪽 모퉁이에 상추나 푸른 잎 채소를 심어두었고, 토끼와 닭이 학교 내에 있어 참 좋아 보였다. 수업 내용도 어쩜 그리 성은이가 좋아할 만한 것들로 짜여 있는지……. 감자나 고구마 캐서 요리하기, 자신의 수준에 맞는 악기 연주하기, 노래하기와 춤추기, 히라가나 익히기, 그림책 읽기, 그림 그리기, 만들기, 학교 뒷동산에 등산하기 등 다양했다. 더욱 놀라운 것은 모든 수업이 오픈 수업이라는 점이었다. 즉, 아이들의 학교생활이 궁금하면 부모가 언제든지 수업하는 모습을 볼 수 있었다.

드디어 수업이 시작되었다. 콧수염을 기른 이와사키 선생님의 기타 반주에 맞춰 모두 자리에서 일어나 반가를 제창하면서 하루의 수업을 시작했다. 성은이는 처음 듣는 노래임에도 그 분위기에 젖어 노래를 바로 따

신주쿠 도쿄순복음교회

라 부를 만큼 빨리 학교에 적응하고 있었다. 오사카에서의 1학년 수업 참관 때처럼, 글씨를 쓸 줄 몰라 백지를 내는 그런 황당한 일은 최소한 없을 것 같았다.

그리고 성은이의 소개 시간이 되었다.

"여러분~ 오늘부터 우리와 함께 공부할 친구 신성은이에요. 박수로 환영해주세요!"

선생님 말씀이 끝나기가 무섭게 아이들이 반갑게 박수와 환호를 보내주었다. 성은이 담당 선생님은 젊고 예쁜 카도야 선생님이었다. 성은이는 첫날부터 학교에 적응을 잘해서 마치 몇 년 동안 다니던 아이 같다며 모든 선생님이 입 모아 말씀하셨다. 특히 성은이와 같은 학년인 가와베 도모에 짱은 키가 작고 귀여운 여자 아이였는데, 같은 학년인 성은이가 들어오자 너무나 좋아했다.

한번은 이런 에피소드도 있었단다. 아침마다 기타 반주를 하던 이와사키 선생님이 몸이 안 좋아 결석한 날이었다. 그러자 성은이는 가위와 풀을 가져와서는 종이로 무언가를 열심히 오리기 시작했다. 이와사키 선생님 대신 기타를 치기 위해 콧수염을 만들어 자기 코에 잘라 붙이려 한 것이었다. 그날은 콧수염을 붙인 성은이의 엉성한 기타 반주에 맞춰 하루를 열게 되었다고 한다.

"성은아, 오사카 학교가 더 좋아? 여기 도쿄 학교가 더 좋아?"

"도쿄요."

이런 성은이의 대답만 들어도 왜 성은이가 오사카에서 이곳 도쿄로 옮겨야만 했는지 알 것 같다. 교회를 옮기라는 말씀에 토 달지 않고 순종한 우리 가족을 위해 하나님은 이렇게 성은이의 교육을 세심하게 책임져 주고 계셨던 것이다.

또 미리 정하신 그들을 또한 부르시고 부르신 그들을 또한 의롭다 하시고 의롭다 하신 그들을 또한 영화롭게 하셨느니라 _로마서 8:28

27
성은이가 척추측만증이래요

"척추측만증이 뭔가요?"

성은이가 척추측만증이라는 말에 나는 너무 놀라 의사에게 되물었다.

"척추측만증은 키가 자라면서 척추가 휘는 병이에요. 지금 성은이의 척추는 24도로 휘어 있는데 당장 보조기를 차지 않으면 점점 더 S자로 휘게 되고, 50도 이상이 되면 수술해야 해요. 휘어짐이 계속되면 뼈가 심폐를 눌러서 심각한 상황이 되고 말아요."

'이제 겨우 초등학교 1학년인데……'

성은이가 척추측만증인 것을 알게 된 것은 1학년 때, 오사카 학교에서 체격 검사를 하면서였다. 두 팔을 아래로 쭉 뻗어 내리면서 허리를 굽히는 검사를 하던 중, 성은이의 오른쪽 등이 왼쪽보다 약간 높은 걸 마키 선생님이 발견한 것이었다. 그래서 일본 오사카에 있는 종합병원에서 여러 가지 검사를 하고 보조기를 맞췄는데, 그 절차가 너무 복잡하고 어려운 데다가 전문 용어 외우기도 벅차 마키 선생님이 많은 도움을 주었다. 마키 선생님은 일본어가 짧은 나를 위해 병원에 종일 함께 있어주면서 부

무더운 여름철,
보조기를 차고 있는 성은이

모 역할을 다 해주었다. 참 고마운 일이었다.

드디어 성은이가 차고 다녀야 할 보조기가 완성되었는데, 보자마자 너무 어이가 없고 기가 막혔다. 허리 아래부터 가슴까지 연결된 무겁고 두꺼운 갑옷 같은 기구를 등 뒤에서 숨도 못 쉬게 조여야 했고, 어마어마하게 두꺼운 쇠가 갑옷과 연결되어 목까지 올라와 있었다. 한눈에 봐도 고개조차 제대로 숙일 수 없어 보였고 숨도 크게 쉴 수 없을 것만 같았다. 24시간 내내, 잘 때도 이것을 차고 있어야 할 성은이를 생각하니 답답하고 기가 막혀 눈물이 났다. 나라면 한 시간도 못 차고 벗어버릴 텐데…….

하지만 성은이는 생각 외로 참을성도 강하고 순종도 잘했다. 무더운 여름철에도 의사 선생님은 보조기를 벗어버리면 안 된다고 했다. 성은이는 싫은 내색 한 번 안 보인 채 땀을 뻘뻘 흘리면서도 보조기를 잘 차고 다녀주었다. 비록 성은이 몸에 늘 땀이 흘러 급기야 땀띠까지 생겼지만, 그렇게 1년을 열심히 차고 다니다 보니 눈으로 봐도 확연히 좋아지게 되었다. 엑스레이를 확인한 의사 선생님은 축하한다고 하며 말씀하셨다.

"각도가 18도로 좋아졌네요. 이젠 보조기를 안 차도 될 만큼 눈에 띄게 좋아졌어요."

보조기를 안 차도 된다니, 입에서 할렐루야가 저절로 나왔다. 그동안 고생한 성은이가 드디어 보조기에서 해방될 수 있다니! 기쁨이 너무 큰 나머지 나는 한동안 잠을 이룰 수 없었다.

그즈음 우리는 도쿄로 이사를 갔다. 그리고 몇 개월 후 성은이의 척추를 검사해보기 위해 도쿄에 있는 병원을 찾아갔다. 그런데 척추의 각도를 재어보니 얼마 전까지 18도였던 각도가 어느새 31도가 되어 있었다. 좋아졌다는 이유로 보조기를 잠시 소홀히 했던 탓이었다. 그렇게 무더운 여름날에도 싫다 소리 한 번 하지 않고 보조기를 차고 다녔던 효과가 모두 없어졌다고 생각하니 너무 화가 났다.

"각도는 좋아졌지만 그래도 계속해서 채우셔야 합니다."

선생님이 이렇게 한 마디만 해주었어도 착한 성은이는 계속 차고 다녔을 텐데……. 다시 보조기를 차지 않으면 안 된다는 의사 선생님 말씀에 성은이는 새 보조기를 맞추게 되었다. 그런데 도쿄에서 맞춘 보조기는 오사카에서 맞춘 것과 다른 모양이었다. 지역마다 보조기 모양이 다르다는 것을 그때 처음 알았다. 도쿄 보조기는 쇠가 목까지 올라오지 않고 허리와 가슴까지만 조이도록 되어 있었다. 도쿄 보조기를 보니 오사카에서 만든 보조기가 불편하더라도 휘어진 허리를 더 확실하게 잡아줄 것 같다는 생각이 들었다. 하지만 앞으로 계속 이 병원을 다녀야 하니, 이 병원에서 차라는 보조기를 찰 수밖에는 도리가 없었다. 하지만 5학년이 될 때까지 보조기를 찼음에도 불구하고 성

아빠, 신 목사의 안수기도를 받는 성은이

은이의 척추는 계속 안 좋아졌고 그러는 중에 우리 가족은 다시 한국으로 돌아오게 되었다.

한국에 돌아와서는 그 분야의 명의로 소문난 석세일 선생님을 찾아갔다. 선생님은 역시나 다시 보조기를 맞추라고 하셨다. 도쿄에서 만든 보조기처럼 허리와 가슴까지만 조이는 보조기였고, 성은이는 그 보조기를 하루도 빠짐없이 차고 다녀야 했다. 일본에서는 그래도 거의 눈으로는 알아보지 못할 정도로 경미했었는데, 키가 자랄수록 점점 심해지더니 한국에 돌아올 쯤에는 한눈에 봐도 확실히 휘어 있었다. 결국 1년 후, 수술해야 한다는 이야기를 들었다.

"이미 각도가 50도를 넘었어요. 이 정도면 수술할 수밖에 없네요. 수술 날짜를 잡아야겠어요."

수술 날짜를 잡고 여러 가지 검사를 진행했는데, 수술을 감당하기에는 성은이의 몸이 너무 약하다는 결과가 나왔다. 폐도 약하고 심장도 약하고 동맥 안에 있는 산소 양도 적다고 했다. 가장 큰 문제는 대수술인 관계로 마취에서 깨어나지 못할 수도 있다는 것이었다. 게다가 감기에 걸려 더욱 체력이 약해진 상황이었다.

"도저히 지금은 수술할 수 없으니 보류해야겠네요."

내과 의사도 수술을 만류했다. 하나님은 이렇듯 희한한 방법으로 성은이의 수술을 막으신 것이었다.

그로부터 3년이 지나 중학교 2학년이 되던 해, 다시 척추 수술을 위한 여러 가지 검사를 해봤지만, 역시나 몸이 약해서 수술을 할 수 없다는 결과가 나왔다. 고등학교 2학년 때에도 마찬가지였다. 성은이는 결국 수술을 하지 못하고 지금은 척추가 많이 굽은 데다 걸음걸이도 불편해 보인다. 얼핏 보면 허리나 어깨에 통증이 심할 것 같은데, 성은이는 여태껏 허리가 아프다거나 어깨가 아프다는 이야기를 한 적이 없었다.

"성은아, 혹시 어디 아픈 데 있니?"

"네, 입으로 물어뜯은 손가락이 아파요."

이렇게 대답할 뿐이었다. 어깨가 아파요, 허리가 아파요, 이렇게 말한 적은 단 한 번도 없었다. 만일 허리나 어깨가 아파서 생활하는 데 큰 불편이라면 위험을 무릅쓰고라도 수술해야 하지 않겠는가. 수술받을 수 없는 성은이의 몸을 누구보다 잘 아시는 하나님께서 통증을 없애주셔서 성은이가 일상생활을 지속할 수 있도록 지켜주고 계신 것이 분명하다.

성은이는 지금도 자신의 몸으로 하나님께 몸 찬양 드리는 것을 가장 좋아한다. 끼가 넘치는 성은이는 노래만 나오면 성도들 앞으로 나와 몸으로 하나님께 찬양을 드린다. S라인으로 쫙 뻗은 몸매는 아니지만, 성은이의 몸매는 누가 뭐래도 하나님이 보실 때 세상에서 가장 아름다운 몸매임에 틀림없을 것이다.

28
일본 선생님의 가정방문

요즘은 담임 선생님이 가정방문하는 광경을 눈 씻고 찾아봐도 볼 수 없다. 하지만 내가 초등학교에 다닐 때만 해도 담임 선생님이 집에 직접 찾아오셔서 엄마와 대화도 나누곤 했다. 그날은 정말 가슴이 설레고 떨렸다. 그리고 다음날 학교에 가면 선생님은 훨씬 더 다정다감한 모습으로 내게 다가와 주셨다.

오사카에서는 수업이 끝나면 마키 선생님이 매일 성은이를 집 앞까지 데려다주었기 때문에 별도의 가정방문이 필요 없었다. 그런데 도쿄 학교는 학생 수가 많다 보니 선생님이 학생들을 일일이 집까지 데려다준다는 것은 생각도 할 수 없었다. 수업 끝나는 시간에 맞춰 엄마들이 매일 학교에 가지 않으면 안 되었다. 하루는 선생님이 아이들을 데리러 온 엄마들에게 이렇게 말씀하셨다.

"다음 주는 가정방문을 하는 주간입니다."

나는 내가 일본말을 잘못 들은 게 아닌가 싶었다.

'분명히 가정방문이라고 했지? 그럼, 일본 선생님들이 집으로 오신다

는 이야기?'

그 뒤에 이어진 이야기는 더 재미있었다.

"저희는 식사하고 갑니다. 음료수도 마시고 갑니다. 절대로 아무것도 내놓지 마세요. 그리고 집을 보러 가는 것이 아니니, 지저분해서 걱정되시면 복잡한 물건들은 모두 방 안에 쑤셔 넣거나 옷장 속에 쑤셔 넣으면 됩니다."

어쩜 이리도 내 마음을 정확하게 꿰뚫어보실까. 사실 나는 별로 깔끔한 스타일이 못 된다. 솔직히 그날그날 정신없이 쏟아져나오는 빨래, 청소, 설거지를 하면서 하루하루 살아가기도 벅차다. 그래서 나는 예쁘게 집 꾸미고 사는 사람들을 보면 존경스럽기까지 하다. 물론 나도 한때는 집을 예쁘게 꾸며보려고 인테리어 책을 사보기도 했고, 수납 잘하는 비법이 나와 있는 잡지들을 사다가 연구해보기도 했다. 모든 책이 제시하는 공통된 방법은 딱 두 가지였다. 우선은 어지르지 않으면 되는 것이고, 두 번째는 제자리에 넣어 무엇이든 안 보이게 하면 되는 것이었다.

그런데 불행히도 우리 가족의 구성원상, 어지르지 않으면 안 되는 부분에서는 일단 탈락이었다. 어쩜 네 명 모두가 그렇게 어지르기를 좋아하는지 모른다. 또 다른 문제점은, 우리 집은 지저분한 물건들이 들어갈 공간이 없었다. 그래서 물건들이 죄다 밖에 나와 있었다. 그래도 일단 집을 보러 오시는 게 아니라고 하셨으니 쑤셔 넣을 곳이라곤 방밖에 없었다. 선생님 말씀대로 우선은 지저분한 물건들을 대충 방에 쑤셔 넣었다.

그런데 또 다른 문제는 다과였다. 아무리 선생님이 다과 준비를 하지 말라고 부탁하셨다지만 아무것도 안 내놓는다는 게 말이나 되는가. 오사카 교회에 있을 때, 일본 집사님들이 일본 사람들은 너무 많이 내놓는 걸 부담스러워한다고 했던 기억이 났다. 일단 과일과 음료만 간단하게, 라고 마음은 먹었지만 역시 나에게는 한국인의 피가 흐르는 게 분명했다. 아무리 일본 사람이 부담스러워한다고 해도 손님에게 낯간지럽게 손가락 과자 하나는 절대 못 놓겠는 것이었다. 정 많은 한국 사람답게, 마음 가는 대로 손 가는 대로, 과일도 먹음직스럽게 썰어놓고, 음료도 과자도 이것저것 준비해놓았다.

"띵동~띵동~"

"하이 도오조(어서 오세요)."

드디어 선생님들이 집에 오셨다. 처음으로 일본 선생님들이 집에 오시니 가슴이 콩닥거렸다. 그런데 선생님들은 내가 차려놓은 과일과 음료들은 아예 거들떠도 안 보셨다. 난 예의상 못 드시는 줄 알고 선생님들께 권했다.

"좀 드시면서 하시죠."

"절대로 아무것도 준비하지 말라고 하지 않았습니까. 저희는 먹고 왔다니까요."

과일 한 조각은 물론, 음료수 한 모금도 마시지 않고 그저 필요한 몇몇 질문만 하고는 다음 집을 향해서 총총 가버린 것이었다. 어쩜 저럴 수가 있지? 성의를 봐서라도 음료수 한 모금 정도는 드셔야 되는 거 아닌가? 나는 은근히 화가 났다. 하긴, 그 많은 학생들 집에서 내놓은 음료나 음식을 성의를 봐서 다 드셨다간 배탈이 날지도 모를 일이었다. 생각해보니 신 목사도 비슷한 경험을 이야기한 적이 있었다.

신 목사 성격도 상당히 우유부단해서, 누가 음식 차려놓으면 아무리 배가 불러도 죄다 먹어줘야 예의라고 생각하는 사람이다. 게다가 총각 때는 어찌 그리 피골이 상접했던지, 꼭 소말리아나 캄보디아에서 온 사람 같았다. 그 비쩍 마른 얼굴을 보고 어느 누가 음식을 안 차려줄 수 있었겠는가. 한번은 아침부터 여섯 집이나 심방을 다녔는데, 꼬박 두 시간 간격으로 계속 밥을 먹었다고 기염을 토한 적도 있었다. 성의껏 내놓은 음식 안 먹어서 섭섭이가 들면 나중에 풀기 힘드니까 꾸역꾸역 다 먹느라 숨도 못 쉬고 씩씩거리며 집에 돌아왔다고 했었.

그런 걸 생각하면 나 역시 선생님들이 아무것도 안 드셨다고 역정 낼 필요는 없을 것 같았다. 오히려 아무것도 안 드시는 일본 선생님들이 신 목사보다 훨씬 지혜로운지도 모른다.

그 다음 해에도 가정방문은 계속 이어졌다. 나는 지난 해에 있었던 일이 고스란히 떠올라, 정말 물 한잔 준비하지 않으리라 독하게 마음먹었다. 드디어 선생님들이 들어오셨다.

"띵동~띵동~!"

이번에는 더 많은 선생님들이 오셨다. 잠시 당황하긴 했지만 그래도 지난 해에 겪은 안 좋은(?) 기억이 생생하게 남아 있지 않은가. 이번에는 상위에 과일은커녕 물컵 하나 올려놓지 않았다. 그렇게 선생님들과 한참 진지하게 이야기를 나누고 있는데, 소파에 앉아 있던 성은이가 갑자기 벌

떡 일어나더니 컵을 하나 들고 왔다. 그리고는 냉장고 문을 열고 자기가 늘 마시던 우유를 꺼냈다. 다들 성은이가 목이 말라서 우유를 먹으려는 줄 알고 별 반응을 보이지 않았다. 그런데 성은이가 컵에 우유를 따르더니 선생님들께 드시라며 내미는 것이었다. 상 위에 아무것도 없는 게 어린 마음에도 이해가 안 됐던 모양이었다. 선생님들은 차마 거절을 못 하시고는 성은이가 직접 따라준 우유를 웃는 얼굴로 다 드셨다. 선생님들은 이미 이런 성은이를 잘 알고 있었던 것이었다.

"사스가 성은 짱다네(역시 성은이네)."

착한 성은이의 마음씨가 규칙을 중요시 여기는 일본 선생님들의 마음까지 완전히 녹여버린 것이었다.

이처럼 단호하게 규칙대로 사는 일본 선생님들이지만, 학기가 끝나고 나면 1년에 한 차례씩 학부모들과 자유롭게 저녁식사 자리를 가졌다. 6년 동안 교사와 학부모의 관계가 이어지는 셈이니, 혹시라도 서로 껄끄러운 일이 생기면 얼마나 힘들겠는가. 그날만큼은 선생님들과 술도 한잔씩 돌리면서 학부모와 선생님의 관계가 아닌, 마치 친구나 동료처럼 허심탄회한 대화를 나누었다. 그럴 때면 누구보다도 친밀하고 자유로워 보였다. 그렇게 하면 새로운 기분으로 새 학기를 맞이하는 선생님들과 학부모들 사이에 아무 거리낌이 없을 것 같았다. 일본 어머님들 모두 선생님들을 존경하고 고마워할 뿐이었다. 나는 술을 입에 대본 적은 없었지만 그날만큼은 선생님들과 학부모들 사이에 오가는 술 한잔이 너무도 정겨워 보였다.

29
구몬 선생님

성은이는 요즘 편지 쓰는 데 한창 재미를 붙였다. 펜과 종이만 있으면 자신이 좋아하는 사람들에게 꼭 편지를 쓴다. 글씨체가 크다 작다 삐뚤빼뚤한 건 말할 것도 없지만, 그래도 간결한 두세 문장 정도는 또박또박 쓸 줄 안다. 매년 어버이날이면 카네이션이 커다랗게 그려진 카드에 이렇게 쓰곤 한다.

"아빠 사랑해요, 엄마 사랑해요."

또한 성은이가 좋아하는 언니에게는 매주 이렇게 쓴다.

"혜선 언니, 사랑해요. 일요일에 만나요. 기도할 거예요."

성은이가 글쓰기를 좋아하기 시작한 건 도쿄에서 구몬 선생님을 만나고부터다. 도쿄로 이사 갈 때 나는 성은이야 그렇다 치고 갓 유치원에 들어간 예은이의 교육이 슬슬 걱정되기 시작했다. 이미 일본 유치원을 다니고는 있었지만 예은이에게 어떻게 일본어 공부를 시켜야 할지 막막했다. 내가 아는 정도의 일본어는 가르칠 수야 있겠지만, 그야말로 한문 선생님이 '바담 풍' 하면서 '바람 풍'을 가르치는 것과 뭐가 다르겠는가.

그러던 중 아이들과 함께 동네를 거닐다가 골목에서 우연히 '구몬식'이라고 쓰인 간판을 발견했다. 초등학생들로 보이는 몇몇 학생들이 출입문을 드나들고 있었다. 슬그머니 들여다보자, 안에는 커다란 공부방이 있었고 책상이 길게 자리 잡고 있었다. 그리고 그곳에서 학생들은 마치 독서실처럼 자유롭게 앉아서 조용히 공부하고 있었다.

'그래, 바로 이곳이야.'

마치 사막에서 오아시스를 발견한 기분이었다. 나는 문을 열고 들어가 선생님께 물었다.

"이제 유치원에 갓 들어간 이 아이도 여기서 공부를 할 수 있을까요?"

"그럼요, 되고말고요."

선생님은 당장 시작할 수 있다고 하면서 반갑게 맞아주셨다. 그래서 나는 바로 예은이를 위한 산수와 일본어, 두 과목을 신청했다. 그런데 옆에 있던 성은이가 계속해서 칭얼대는 것이었다.

"나도, 나도!"

"성은아, 이거 봐. 여기는 이렇게 조용하잖아. 너 이렇게 조용히 앉아서 공부할 수 있어?"

아무리 말려도 성은이는 막무가내였다. 떼쓰는 성은이를 바라보던 선생님께서는 흔쾌히 성은이까지 허락해주셨다.

"괜찮아요. 예은이 보내실 때 성은이도 함께 보내세요. 오늘부터라도 두 아이 모두 공부를 시작할 수 있어요"

'괜찮을까? 정말 성은이를 보내도 될까?'

워낙 예의 바른 민족이라 혹시 예의상 하는 말은 아니었을까, 순간 별의별 생각이 다 들었다.

그곳은 기둥 하나 없이 뻥 뚫린 넓은 방에서 모두 숨죽여 공부하는 곳이었다. 방과 후부터 밤 10시까지 언제든지 자유롭게 이용할 수 있다고 했다. 그날 해야 할 분량의 문제지를 받아 스스로 숙제를 한 뒤 선생님의 체크를 받고, 또 다음 날 해야 할 숙제를 받아가는 시스템이었다. 나는 그곳 아이들과 선생님은 과연 장애를 가진 한국 어린이 성은이를 어떻게 바라볼까 걱정이 되었다. 성은이는 목소리가 너무 큰데, 게다가 저리도 돌아다니는 걸 좋아하는데, 과연 오랜 시간을 가만히 앉아 있을 수 있을지 걱정이었다.

그럼에도 불구하고 구몬 선생님은 성은이를 위해 배려해주신 것이었다. 선생님이 성은이에게 커다란 네모 칸 안에 일본어를 따라 쓰는 일본어 교재와, 역시 커다란 네모 칸에 1부터 10까지의 숫자를 채워가는 산수 교재를 추천해주었다. 성은이는 항상 그곳으로 공부하러 가는 시간을 기다렸다. 하루도 빠지지 않았으며 숙제도 열심히 했다. 차분히 앉아서 숙제하는 성은이를 보면서 우리 부부는 흐뭇해했다.

"저렇게 열심히 공부하는 것 좀 봐. 장애만 아니면 애는 틀림없이 S대에 갈 거야."

정말이지 눈망울이 초롱초롱한 게 꼭 S대에 갈 수 있을 것만 같았다. 고슴도치도 제 자식은 함함한 법이라지 않던가.

공부방에는 선생님 두 분이 계셨는데, 두 분 모두 성은이가 잘 모를 때마다 바로 설명해주시고 가르쳐주셨다. 특히 엄마처럼 다정한 하라 선생님은 매일 성은이 곁에 꼭 붙어 앉아 자상하게 일본어와 산수를 가르쳐주셨다.

성은이의 넘치는 끼는 그곳에서도 유감없이 발휘되었다. 공부방에 들어가면 조용히 앉아 있는 아이들에게 큰 소리로 인사해야만 직성이 풀리는 모양이었다.

"하이~"

공부를 마치고 집으로 돌아갈 때에도 역시 마찬가지였다. 손까지 흔들면서 인사를 했다.

"바이~"

상황이 이렇다 보니 혹시나 공부하는 아이들에게 방해가 되지 않을까, 난 그게 늘 걱정이었다. 만약 아이들이 아는 체도 안 하고 쳐다보지도 않으면 인사해줄 때까지 "바이~"를 외치며 계속 손을 흔드는 성은이였다. 그런데 너무 감사한 것은, 선생님께서 이런 성은이를 야단치는 법이 없었다는 것이다. 오히려 인사를 받아주지 않는 일본 아이를 채근하셨다. 그러면 그 아이는 마지못해 "바이~"라고 답하곤 했다. 성은이는 그렇게 일주일에 세 번, 하루에 한 시간씩 구몬 선생님과 함께 공부했고, 그 시간에 오는 학생 모두가 성은이를 알게 되었다. 나중에는 성은이를 낯설게 보는 친구가 하나도 없었다.

그러던 중, 우리는 신주쿠 구에서 나가노 구로 이사를 가게 되었다. 구몬 교실은 어느 지역에나 있었기 때문에 당연히 집에서 가까운 곳으로 옮겨야 한다고 생각했다. 나는 구몬 선생님께 작별 인사를 드렸다.

"선생님, 감사했어요. 성은이가 큰 소리로 방해한 것도 너무 죄송했고요. 저희가 이사하게 되어 이제는 더 이상 이곳을 다닐 수 없게 되었어요."

선생님은 놀라면서 나에게 되물었다.

"성은이가 혹시 학교도 옮기나요?"

"아니요, 이 학교는 계속 다닐 거예요."

"그럼, 학교에서 가까운 곳이니까 계속 보내세요. 학교 수업이 끝나는 대로 잠깐 들러서 공부하면 되니까요. 다른 곳으로 가면 적응하는 시간이 또 오래 걸릴 거예요. 그냥 보내세요."

그 말 한 마디에 나는 그동안 선생님들이 진심으로 성은이를 사랑해주셨다는 것을 알게 되었다. 사실 선생님 말씀대로 성은이가 새로운 구몬 교실에서 새 선생님과 잘 적응할 수 있을지 자신할 수 없었다. 그렇게 신주쿠 구몬 선생님의 배려로 나가노 구로 이사한 뒤에도 성은이는 계속 일본어와 산수 공부를 할 수 있게 되었다. 성은이가 5학년 때 한국으로 돌아올 때까지 계속 그곳에서 공부를 했다.

"선생님, 이제 정말로 작별해야 돼요. 저희 가족 모두 한국으로 아주 들어가게 되었어요. 그동안 저희 가족에게 베풀어주신 선생님의 사랑과 친절은 평생 못 잊을 거예요."

우리는 그렇게 구몬 선생님들과 작별 인사를 했다. 그리고 몇 주가 지난 어느 주일날이었다.

"사모님, 성은이를 만나고 싶다면서 한 일본 손님이 찾아오셨어요. 담임 목사님 방에서 기다리고 계세요."

"성은이 손님?"

그분은 다름 아닌 신주쿠 구몬 교실의 하라 선생님이셨다. 성은이의 마지막 얼굴을 보지 못했다며 교회까지 직접 찾아오신 것이었다. 선생님은 성은이를 위해 예쁜 그림책을 선물로 사오셨다.

"그동안 성은이랑 너무 정들었어. 이제 못 봐서 섭섭해서 어쩌니. 사요나라 성은 짱."

성은이와 남다른 정이 들었다며, 정도 많고 정말로 착한 아이라면서 보고 싶을 거라고 하셨다. 교회도 안 다니는 분이 이렇게 교회까지 찾아오시다니, 나는 감사하고 송구스러운 마음에 눈물이 맺혔다. 구몬 교실의 두 선생님 덕분에 성은이에게 시간만 나면 연필을 잡고 글씨를 쓰거나 편지 쓰는 습관이 생긴 것이다.

스승의 날이면 왠지 신주쿠 구몬 선생님들이 머리에, 아니 가슴에 떠오른다. 성은이에게 글을 가르쳐준 선생님들을 다시 만나서 가슴에 예쁜 카네이션을 달아드리고 싶다.

30
일본인 엄마들과의 만남

와카쿠사 교실의 어머니들은 매일 아이들을 데려다주고 데리러오기 때문에 하루 두 번씩 서로 얼굴을 마주치게 되어 있었다. 그러다 보니 아침에 집으로 돌아가는 길에 간단하게 차를 마시기도 하고 교제도 하게 된다. 하지만 나는 늘 바쁘다는 핑계로 그냥 집에 돌아오곤 했다. 교회 일로 바쁘기도 했지만, 그보다는 일본인 학부모들 사이에 외국인인 내가 잘 어울릴 수 있을지 걱정이 되었기 때문이었다.

"오늘은 성은이 어머니 환영회가 있으니까 그냥 가지 말고 우리와 함께 차 한잔 하세요."

하루는 학부모 대표로 보이는 어머니 한 분이 내게 말했다.

'환영회?'

그래도 그들과 잘 지내야만 성은이를 위해, 또 일본생활을 위해 여러모로 좋겠다는 생각이 들어서 나는 일단 알았다고 대답했다.

"네, 그럴게요."

그런데 모임에 나간 나는 너무 놀랐다. 그들끼리는 서로 친한 나머지 반말로 이야기하는데 나 혼자만 교과서에서 배운 대로 일본어 정중체를 사용하고 있었다. 일본어에 반말이나 극존칭어가 있다는 사실은 익히 알고 있었지만, 사실 나는 일본에서 6년 이상을 사는 동안 반말을 주고받을 만큼 친한 일본인이 없었다. 물론, 나에게 반말로 이야기하는 일본인도 없었다. 그러니 반말을 익혀야 한다고 생각해본 적이 없었던 것이었다.

예를 들면, "○○짱와 고노고로 나니가 스키나노(○○는 요즘 뭘 좋아하지)?"라고 물었다면 다들, "아소부노요, 아소부노가 다이스키다요(노는 거, 노는 거 좋아해)."라고 말하는데, 나 혼자만 일본어 문법책에 나와 있는 그대로 "성은짱와 이에데 아소부노가 다이스키데스요(성은이는 집에서 노는 것을 무척 좋아합니다)."라고 말하고 있는 셈이었다. 그렇다 보니 마치 나와 학부모들의 대화가 사장님과 평사원과의 대화 같았다. 의사소통에 별 문제가 없던 터라 내 일본어 실력이 꽤 괜찮은 줄 알고 있있는데, 그게 엄청난 착각이었다는 걸 알아차린 것이다. 일본어가 짧다는 이유로 존댓말을 하고 있는 내 자신이 얼마나 초라해 보였는지 모른다.

'나도 이 엄마들처럼 반말로 이야기해야지.'

모임 내내 나는 오로지 이 생각뿐이었다. 하지만 머릿속으로는 반말이 떠올라도, 정중체가 입에 붙어버려서 습관적으로 '마스', '데스'라고 말하고 있었다.

'마스와 데스만 떼어내 보자. 그것들만 떼어내면 반말이지 않은가.'

그런데 소용이 없었다. 그날 엄마들과 무슨 이야기를 했는지는 기억에 없다. 오로지 자연스럽게 반말로 이야기하자, 다시는 정중체가 내 입에서 나가지 못하도록 하자, 내 머릿속엔 그 생각뿐이었다. 그래서 나는 집에 돌아오자마자 반 토막 잘라먹은 반말로 일본어 연습을 했다. 연습에 연습을 거듭했더니 어느 정도 반말이 입에 붙게 되었다. 그리고는 학교에 가서 자신 있게 엄마들 앞에서 반말을 하리라 결심했다.

그런데 학교에 가자 선생님들은 나를 보며 놀란 표정을 지어 보였다. 나는 그 표정을 보며 내가 또 실수했음을 직감했다. 너무 열심히 반말만 연습한 후유증으로 인해, 불행히도 학부모가 아닌 선생님께 반말로 이야기한 것이었다. 하지만 이미 말을 내뱉은 뒤였기에 다시 주워 담지도 못하는 상황이었다. 그 후로 대상에 따라 자연스럽게 존칭어와 반말을 하기까지 얼마의 시간이 흘렀던가. 학부모들과 친해지려는 노력 앞에는 반드시 언어와 문화의 장벽을 뛰어넘어야 하는 어려움이 있음을 깨닫게 되었다.

그날의 경험이 내 일본어를 한 단계 업그레이드시켜주었고, 지금 나는 일본어 선생이 되어 있다. 그렇게 헤매던 일본어를 내가 누군가에게 가르쳐주고 있는 것이다. 사람은 아픈 만큼 성장한다는 말이 맞긴 맞는 모양이다. 그날 와카쿠사 교실 엄마들과의 부끄러운 만남이 없었다면, 일본어를 가르치기는커녕 지금도 나 혼자만 '마스', '데스'하고 있었을 테니까.

31
일본 도시락

얼마전에 오랜만에 김밥을 사 먹었다. 한국에서 사는 김밥은 왜 이리 종류도 다양하고 맛도 좋을까? 자세히 살펴보면 김밥 속에 넣는 재료가 무궁무진하다. 참치나 김치를 넣는 건 기본이고, 어떤 곳은 매운 멸치를 볶아 넣기도 해서 내 입맛을 사로잡는다.

고백하건대, 나는 도무지 요리에 솜씨가 없다. 김밥을 쌀 때마다 김이 찢어져 밥이 튀어나오기 일쑤다. 그런데 우리 엄마는 요리를 참 잘하셨다. 엄마가 제일 큰딸인 데다가 어릴 때부터 외할아버지, 외할머니와 함께 살아서 집안 대소사를 몽땅 우리 집에서 치렀기 때문일 것이다. 덕분에 우리 집은 늘 손님들이 북적였다. 구역예배 때는 엄마의 요리 솜씨에 반한 구역 식구들이 너무 맛있다며 밥을 두 그릇씩 먹기도 했다. 내가 요리에 조금만 관심이 있었더라면, 손님들이 올 때마다 엄마를 도와 요리를 배워놓았더라면 얼마나 좋았겠는가. 편입시험을 보겠다며 거의 여자로서의 삶을 포기한 채 도서관에만 박혀 학창시절을 보냈으니 외모 꾸미는 것은 물론, 집안 살림조차 제대로 못 배우고 시집을 갈 수 밖에 없었다.

신혼 초에는 요리책을 사다가 독학을 하며 열심히 음식을 만들었다. 그리고 신 목사에게 시식하게 했는데, 그때마다 신 목사는 오늘도 모험을 해야 하냐며 걱정스런 표정을 지어 보였다. 그렇게 요리를 헤매던 내가 어머님을 모시고 일본에 가게 된 것이었다. 어머님은 신 목사와 똑같이 선한 성품을 지니셔서 반찬을 잘하느니 못하느니 일체 간섭을 하지 않으셨다. 오히려 결코 맛있을 리 없는 내 작품(?)을 무엇이든 다 맛있다며 잘 드셔주셨다.

그런데 문제는 예은이의 도시락이었다. 성은이는 그동안 보육원과 학교에서 급식이 나와 별 문제가 없었는데, 동경의 유치원에서는 매일 도시락을 싸오라고 했기 때문이었다. 신혼 때 제대로 밥 해본 경험도 없는 내가 도시락을 싸본 경험이 있을 리 만무했다. 그렇다고 소풍 가는 아이처럼 매일 김밥을 싸서 보낼 수도 없는 노릇이었다. 한국에서의 도시락 반찬은 김치에다 김이나 멸치볶음, 가끔 햄이나 소시지, 거기에 계란 프라이만 있어도 정말 진수성찬이지 않은가. 그런데 일본 유치원생의 도시락은 그리 호락호락하지 않았다.

우선 색깔이다. 어두침침한 반찬만 대충 넣어서는 안 된다. 반찬 뚜껑을 여는 순간, 최소한 빨강색, 노란색, 초록색 세 가지는 기본이고, 알록달록 형형색색으로 가득해 일단 먹음직스러워야 한다. 행여 초록색이 없다면 가짜 이파리 모양이라도 사서 끼워 넣어야 한다. 그리고 모양이다. 밥 위에 김을 요리조리 잘라서 머리 모양을 만들고, 검정콩과 검정깨로 눈과 코를, 우매보시(일본식 매실 장아찌)로 입과 볼을 만들어 예쁜 얼굴 모양을 만들어야 한다. 소시지도 그냥 썰면 안 된다. 끝을 네 조각 칼집 내어 볶아서 다리가 살짝 올라간 문어 모양을 만들어야 한다. 무슨 도시락 하나 만드는데 마치 미술 작품 만들듯이 정성을 들이는지……. 그리고 썰고 만들고 부치고……. 게다가 그렇게 시간과 정성을 쏟아부은 도시락이 왜 맛은 없는지……. 그런데 일본 아이들은 그렇게 예쁜 모양을 눈으로 보는 재미로 먹다 보면 저절로 입맛이 돈다는 것이었다.

'이렇게 딱 1년만 고생하자. 유치원만 졸업하면 학교에서 급식이 나오니까.'

군대에서는 가만있어도 초시계가 움직인다는 말이 있지 않은가. 마치 그런 심정이었다. 나는 빨리 1년이 지나기를 고대하면서 그렇게 어렵게, 힘들게 예은이의 도시락을 쌌다. 그렇게 하루하루 도시락을 싸다 보니 제법 실력이 늘어서 이제 좀 맛있게 쌀 수 있겠구나 싶었는데, 며칠 후면 졸업식이란다. 실력 발휘를 제대로 못 해본 게 아쉬울 뿐이었다.

한국으로 돌아온 후에는 소풍 가는 날 외에는 정말로 도시락을 쌀 기회가 없었다. 초등학교뿐 아니라 중고등학교에서도 급식이 나왔기 때문이다. 그러던 어느 날 예은이가 이렇게 말하는 것이 아닌가.

"엄마, 내일부터 한 달 동안 급식이 안 된대. 그래서 엄마가 도시락을 싸줘야 해."

드디어 어릴 때 도시락 싸주던 실력을 발휘할 기회가 왔구나 하는 생각이 들었다.

"그럼, 당연히 우리 예은이 도시락 엄마가 싸줘야지."

처음에는 도시락 싸는 일이 일본에서처럼 귀찮을 줄 알았는데, 내가 내 손으로 싼 도시락을 아이가 맛있게 먹을 생각을 하니 너무나 행복하고 감사했다.

"엄마가 싸준 밥이 급식보다 훨씬 맛있었어."

예은이는 집에 돌아와서는 빈 도시락을 내놓으며 이렇게 말했다. 어쩌면 당연한 말인지도 몰랐다. 밥뿐 아니라 엄마의 정성과 사랑도 함께 먹었을 테니 말이다. 그나저나 요즘의 급식 제도는 누가 고안한 것인지, 정말 잘 만든 제도인 것 같다.

귀찮은 내색 한 번 없이 365일 따끈따끈한 도시락을 싸주셨던 그 옛날 우리의 어머니들, 오늘따라 그분들이 너무 존경스럽다.

내가 너희에게 말하노니 무엇이든지 기도하고 구하는 것은 받은 줄로 믿으라 그리하면 너희에게 그대로 되리라 _ 마가복음 1:24

32
새벽에 일어나는 사람은 무서운 사람이다

가끔씩 한국에도 지진 소식이 들려온다. 몇 달 전에는 몸으로 감지할 만큼의 제법 큰 강도의 지진이 서울에서 일어나기도 했다.

일본은 평소에도 이런 지진이 자주 일어나는, 유난히 지진이 많은 나라다. 100여 년 전 도쿄를 강타했던 관동 대지진 이후로 일본에서는 평소에도 늘 지진 대피 훈련을 한다. 만의 하나 지진이 일어날 것을 대비해 비상식량이나 물 등을 항상 문 옆에 비치해놓고 산다. 목욕탕 안에는 늘 물을 받아두어 화재를 예방하고, 찬장이나 책장 같은 가구들이 떨어질 것을 대비해 벽에 단단하게 고정시켜놓기도 한다. 우리 집도 예외는 아니어서, 혹시 지진이 날 것을 대비해 라면, 건빵, 물, 밧줄, 슬리퍼 등을 담은 큰 가방을 항상 신발장 옆에 준비해놓았다. 유리로 된 컵이나 예쁜 크리스털 그릇은 신문지에 싸서 라면 박스 안에 넣어두느라 꺼내보지도 못했다. 떨어져도 안 깨질 튼튼한 그릇들만 찬장에 올려놓고 살았다. 하지만 다행히도 오사카에서 살 때는 한 번도 지진을 느껴보지 못했다. 도쿄로 이사 간다고 하자 성도들이 걱정하며 물었다.

"사모님, 도쿄는 평소에도 지진이 많다던데, 지진이란 게 어떤 건지 전혀 모르시다가 지진 많은 곳으로 가서서 어떻게 해요?"

그 말을 증명이라도 하듯이, 성은이가 학교에 들어가자마자 학교에서 제시한 준비물 중 하나가 바로 '지진 방재모'였다. 두꺼운 솜을 잔뜩 넣은 방석 두 개를 포개어 윗부분과 옆부분을 꿰매 삼각 모자처럼 쓸 수 있도록 만들어오라는 것이었다. 지진 발생 시 머리 위에서 유리조각이나 파편이 떨어질 때를 대비해 꼭 준비해야 하는 모자란다.

우리가 민방위 훈련을 하듯이 일본 학교에서는 한 달에 한 번씩 이 모자를 쓰고 지진 훈련을 시켰다. 공부하다가 갑자기 사이렌 소리가 나면 책상 밑으로 기어들어 가는 훈련, 건물이 없는 곳으로 피난하는 훈련 등이었다. 그러다가 1년에 한 번은 실제 상황처럼 훈련을 했다. 그날은 보호자가 어디에 있든 상관없이 전화를 걸었다. 지진이 났으니 당장 아이를 데려가라는 내용이었다. 그러면 보호자는 학교로 부리나케 와서 아이를 데려가야 했다. 비록 훈련이었음에도 그날만큼은 정말 실제 상황에 직면한 것처럼 모두가 진지했다. 아이들이 준비된 방재모를 쓰고 건물이 없는 숲속에 대피하고 있으면, 엄마가 오는 아이들부터 속속 집으로 귀가했다.

오사카 성도들의 염려대로, 도쿄에서는 크고 작은 지진들을 수없이 겪었다. 2도 정도의 지진은 우리가 감지하지 못할 정도로 경미했지만, 4도 정도가 되면 실제로 건물이 흔들리고 있음을 느껴 엄청난 공포가 다가왔다. 게다가 그곳이 아파트나 건물 상층부라면 그 공포는 배가되었다. 그

나마 옆으로 흔들리는 지진은 좀 참을 만한데, 위아래로 흔들리는 지진의 경우 공포심이 최고조에 달했다. 약 5~10초 정도의 짧은 시간이더라도 마치 한 시간 이상으로 느껴졌다. 5도가 넘어가면 책이나 그릇 등이 떨어지기 시작하는데, 이때의 공포는 이루 말할 수 없을 만큼 크다.

한번은 이런 웃지 못할 사건도 있었다. 하루는 성은이가 갑자기 밥을 먹다 말고 이렇게 소리를 질렀다.

"지진이다!"

가뜩이나 모두가 지진에 민감해 있는데 밥 먹던 상이 마구 흔들리고 있으니, 다들 정말 지진인 줄 알고 크게 놀랐다.

"네가 지금 다리 흔들고 있는 거잖아! 혼날래?"

자신이 다리를 흔들고 있어서 밥상이 흔들리는 거였는데, 그걸 보고 지진이라고 말한 것이었다. 힌빈은 아침에 온 가족이 밥을 먹고 있는데, 위아래로 흔들리는 제법 센 지진이 왔다. 그때 갑자기 예은이가 밥을 먹다 말고 공포에 싸인 목소리로 이렇게 소리를 질렀다.

"하나님, 이제 제발 좀 그만 하세요. 저는 지진 정말 싫어요!"

그러자 예은이의 버럭(?) 기도가 끝남과 동시에 정말로 지진이 딱 멈추는 것이었다. 예은이는 지금도 그때 자신이 기도해서 지진이 멈춘 거라고 말한다.

하지만 아무리 지진 훈련을 거듭해도 정말 큰 지진이 일어나면 인간의 힘으로는 맥을 못 춘다는 게 문제였다. 도쿄에 올라가고 처음 맞던 겨울의 어느 날, 자그마치 7.2도의 어마어마한 지진이 아름다운 항구 도시 고베에서 일어났다. 고베는 우리가 살았던 오사카와 그다지 멀지 않은 도시로 우리 가족과는 각별한 인연이 있는 곳이다. 하필 그토록 아름다운 곳에 지진이 나 온 도시가 초토화되었다는 소식을 듣고 망연자실한 적이 있었다. 뉴스에는 계속해서 화염에 휩싸인 고베를 보여주었다.

'안 돼……. 고베는 안 돼.'

우리는 목사님과 사모님 사택에 계속해서 연락을 취했지만 불통이었다. 우리가 오사카순복음교회를 섬기고 있을 때, 고베 교회를 섬기던 담임 목사님이 갑자기 떠나시게 되었다. 고베 교회에 새로운 목사님이 부임할 때까지 약 6개월 이상을 신 목사가 맡을 수밖에 없었다. 신 목사는 그렇게 오사카와 고베 두 교회를 왔다갔다하면서 예배 인도를 했다. 워낙 작은 교회라 성도는 열 명 안팎에 불과했지만 우리는 오사카 예배를 마치고 바로 고베로 갔다. 덕분에 목사님의 부재로 기울어가던 고베 교회가 새로운 목사님이 오실 때까지 없어지지 않고 유지될 수 있었다.

엄청난 태풍이 몰아치던 어느 수요일, 외출을 자제하고 빨리 귀가를 서두르라는 내용의 뉴스가 연이어 계속되었다. 태풍의 방향은 오사카 쪽에서 고베를 향하고 있었고, 강도는 점점 심해지고 있었다. 신 목사는 수요 저녁예배를 위해 고베를 가겠다고 나서는 중이었고, 나는 그런 신 목사를 말리고 또 말리는 중이었다.

"여보, 하나님도 다 아시니까 오늘은 우리 그냥 쉬면 안 될까요? 너무 위험하기도 하고, 또 오늘은 태풍 때문에 그곳 성도들도 아무도 안 올 텐데……."

"예배는 하나님과의 약속이지 사람과의 약속이 아니야. 가야 돼!"

결국 예배에 대한 신 목사의 고집을 꺾지 못한 채 바람이 드세고 비가 억수같이 쏟아지는 그 저녁에 우리는 고베로 향했다. 비가 쏟아지는 데다 바람까지 불었고 이미 날은 어두워진 상황이었다. 고베와 오사카를 연결하는 한신 고속도로 위에는 우리 봉고차 한 대뿐이었다. 바람이 얼마나 거센지 9인승 봉고차가 앞으로 잘 나가지 못하고 휘청거렸다. 고속도로 위에는 커다란 간판들이 마구 날아다녔다. 일촉즉발의 위험한 순간이었다. 가는 길 내내 손에 땀을 쥐면서 기도하는 수밖에 없었다. 그렇게 한참을 걸려 하나님 은혜로 무사히 고베 교회에 도착했는데……. 아무도 안 계실 줄 알았는데, 준비찬양 인도를 맡은 신학생 여 집사님과 75세가 넘은 집사님 부부가 온몸에 비닐을 덮어쓰고는 자전거를 타고 예배를 드리러 온 것이었다.

"아니, 이 태풍에 어떻게 나오셨어요?"

"목사님은 오늘 같은 날 왜 오셨어요? 저희끼리 예배드려도 되는데……."

예배를 소중히 여기며 교회를 지키려는 마음, 서로를 생각하며 걱정해 주는 따뜻한 마음이 한데 모여, 작지만 가장 아름답고 은혜로운 예배가 그날 저녁 하나님께 드려졌다.

그렇게 약 6개월 정도가 지나고, 한복남 목사님이 새로 부임하셨다. 우리는 더 이상 고베순복음교회에 가지 않아도 되었지만, 마음은 늘 그곳에 있을 수밖에 없었다. 덕분에 한 목사님 부부와도 친구처럼 지낼 수 있게 되었던 것이다.

그런데 바로 그 정들었던 고베에 강도 7.2도의 어마어마한 지진이 발생한 것이었다. 뉴스에는 우리에게 이미 너무도 익숙한 한신 고속도로가 피곤한 듯 옆으로 쓰러진 모습이 보도되었다. 고속도로가 옆으로 쓰러져버릴 정도니, 건물은 말할 것도 없이 다 무너져 내렸고 그 아름답던 항구 도시 전체가 순식간에 폐허가 되어버리고 말았다. 엎친 데 덮친 격으로 가장 피해가 심각한 지역이 바로 고베순복음교회가 위치한 지역이라고 했다.

우리는 걱정스런 마음에 계속 전화를 했지만 불통이었다. 그도 그럴 것이, 그곳은 이미 모든 전화와 전기, 가스, 수도가 다 끊긴 상태였다. 뉴스에서 연신 방영되는 고베의 모습은 그저 검은 화염에 휩싸인 채 아무것도 남지 않은 폐허 그 자체였다.

"하나님, 어떻게 이럴 수가 있어요. 제발 목사님과 사모님, 그리고 고베 성도님들 무사하게 도와주세요."

얼마 전까지만 해도 우리 성도들이기도 했기에 실제로 남의 일이 아니었다. 고베에 계신 목사님과는 3일 이상 연락이 두절되었다. 다른 연결 방법은 없었다. 살아남은 고베 시민들이 체육관에 모여 물과 급식을 배급받는 모습이 뉴스에 나올 때마다, 혹시나 하는 마음으로 목사님 가족을 찾아보는 게 내가 할 수 있는 전부였다.

급기야 당시 아시아 총회장이었던 신 목사는 가만히 보고만 있을 수 없다며 당장 일본 목사님들을 소집해서 함께 고베를 향해 떠났다. 다행히도 체육관에 피신해 있는 한 목사님 가족과 성도들을 만날 수 있었다고 했다. 신 목사 역시 고베에 있는 며칠 동안에 여러 차례 지진을 경험했다고 했다. 그러면서 신 목사가 참으로 놀라운 소식을 전해왔다. 고베의 모든 건물들이 거의 무너져 잿더미로 변했는데, 신기하게도 그리 높지 않은 교회 건물은 전혀 피해를 입지 않았다고 했다. 고베 순복음교회는 당시 건물 2층에 세 들어 있는 상태였다. 지진이 일어난 시각이 모두 잠든 새벽이라 피해가 더욱 컸는데, 그날 교회 식구들은 새벽 예배를 드리기 위해 일찍 일어났기에 무사할 수 있었던 것이다. 하나님은 가장 귀한 시간인 새벽에 제단을 드리는 성도들을 특별히 사랑하셨나 보다.

당시 지진 피해로 사망자만 6천 명이 넘었고 부상자도 2만 명이 넘었으며, 이재민도 약 20만 명에 이르렀다는 기록이 남아 있다. 또한 피해 반경도 커서, 평소에 지진이 일어나지 않는 오사카에도 5도의 지진 여파를 끼쳤던 대지진이었다. 하나님께서는 엄청난 태풍이 불던 날까지도 교회에 나와 예배당을 지키려고 애썼던 고베 성도들의 마음을 읽으셨던 것일까. 우리 주님은 그들의 기도대로 교회를 안전지대로 남겨두시고, 고베 성도 모두를 안전하게 지켜주셨던 것이다.

새벽에 일어나는 사람은 무서운 사람들이다. 그 무서운 지진도 그들을 피해간다.

33
'솔' 음이 안 나오는 피아노

"**사모님**, 혹시 피아노 필요하지 않으세요? 피아노가 너무 커서 한국으로 가져갈 수가 없어서요."

한 성도로부터 위와 같은 내용의 전화를 받자마자 나는 이삿짐센터에 연락했다. 그리고는 묵직한 검은색 피아노를 집으로 옮겨놓았다.

'피아노라……. 우리 집에 피아노가 생기다니.'

지금까지 받아본 선물 중 가장 귀한 선물이라는 생각이 들었다. 아이들에게 피아노를 가르칠 수 있을 것이라는 기대와 흥분 속에 피아노의 뚜껑을 열어보았다. 그날따라 한 줄로 죽 늘어서 있는 하얀 건반이 너무 예뻐 보였다. 나는 건반에 손을 올리고 하나씩 쳐보았다. 도, 레, 미, 파, 틱(?), 라, 시, 도. 그런데 피아노 음의 생명이라고 할 수 있는 '솔' 음이 안 들렸다. 솔이 빠진 피아노로는 제대로 칠 수 있는 노래가 없었다. 그렇게 쉬운 〈나비야〉도 솔로 시작하고, 〈개나리〉도 솔로 시작하지 않는가.

"떴다, 떴다, 비행기 그 노래만 치면 되겠네. 그건 절대 솔이 안 나오잖아."

당황스러워하는 날 보고 신 목사가 말했다.

"미레도레 미미미 레레레 미미미 미레도레 미미미 레레미레도."

신 목사는 이렇게 말하며 나를 놀려댔다. 게다가 설교에 도움이 되는 아주 좋은 예화 거리라며 손바닥을 마주쳤다.

"여러분, 우리 집엔 솔이 안 나오는 이상한 피아노가 한 대 있습니다. 아무리 좋은 노래라도 '솔' 음 하나 없으니까 다 망쳐버리고 맙니다. '솔' 하나만 보면 아무것도 아닌 것 같아도, 여러분은 하나님이 보실 때 한 사람 한 사람 모두 중요한 '솔'인 것입니다. 그러니 언제나 나는 '솔'이다 생각하고 자신을 귀중히 여기는 여러분이 되시기 바랍니다."

신 목사는 소리 나지 않는 '솔' 음 덕분에 멋진 설교 한 편을 만들 수 있었다. 하지만 이제 막 피아노를 배우고자 하는 예은이, 그리고 피아노 연습을 해야 하는 나로서는 그것은 치명적인 결함이었다. 속상하기만 했다. 당장 고쳐야겠다고 마음먹고는 조율사에게 연락을 취했다.

"이 피아노는 너무 오래되어서 줄이 이미 다 낡았어요. 지금 당장 소리는 나오게 해드리겠지만 언제 또 다른 음이 끊어질지 몰라요. 웬만하면 새 걸로 하나 장만하시는 게 좋을 것 같습니다."

조율사의 말이었다. 그래도 '솔' 음을 나오게 해주신 게 얼마나 감사했는지 모른다. 다행히 그 후에는 모든 음이 정상적으로 잘 나오게 되었다.

'솔' 음이 나오지 않는 피아노를 보면서 나는 참 많은 생각을 했다. 외국에서 목회를 하다 보면 너무 지치고 힘들어서 '오늘 하루는 아무 데도 나가지 말고 그냥 집에서 푹 쉬고 싶은데'라는 생각이 들곤 한다. 내가 사모만 아니라면 하루쯤 빠져도 아무도 모를 텐데, 하면서 마음고생을 하는 것이다. 그럴 때면 신 목사는 내 마음을 꿰뚫어보듯이 한 마디 던진다.

"사모가 빠지면 되겠어? 모두들 사모님 어디 계시냐고 물어볼 텐데, 당신은 꼭 가야 되는 자리야."

사모의 자리라는 것이 참 애매하다. 너무 도드라져도 튀는 것 같아 안 좋아 보이지만, 안 보이면 안 보이는 대로 빈자리가 커 보이는, 참으로 희한한 자리인 것이다. 그때 바로 이 고장 난 피아노 건반 덕분에 나는 깨달음을 얻을 수 있었다. 피아노는 예전이나 지금이나 악기의 여왕 자리를 묵묵히 지키고 있다. 이렇게 오랫동안 악기의 여왕 자리를 지킬 수 있었던 것은 바로 건반의 역할과 희생 덕분임을 나는 알게 되었다.

피아노의 한 음 한 음은 누가 알아주든 몰라주든 관계없이 모두가 똑같은 옷을 입고 그저 묵묵히 자기 자리를 지키며 기다리고 있다. 그러다가 주인이 필요하다고 느낄 때 비로소 자신의 소리를 예쁘고 청명하게 내주는 것이다.

하지만 주인이 그 음을 필요로 할 때 우리 집 피아노의 '솔'처럼 소리를 내주지 않으면, 그 음 하나 때문에 다른 건반들까지 욕을 먹게 되고 더 이상 연주를 위한 피아노로서는 쓰임 받지 못하게 된다.

이처럼 '솔' 음이 안 나오는 우리 집 피아노 덕분에 나는 사모의 위치가 얼마나 중요한지 다시금 확실히 깨닫게 되었다. 평소에는 있어도 있는 것 같지 않고, 보여도 보이는 것 같지 않지만 필요할 때 꼭 그 자리에 있어야만 하는 피아노 건반과 같은 것이다.

그날따라 묵직하고 검은 피아노 속에 나란히 누워서 자신의 소리가 나기를 기다리는 건반 하나하나가 왜 그리 예쁘고 소중하게 느껴지던지……. 나는 거의 쳐본 적 없는 가장 낮은 건반과 가장 높은 건반까지 사랑의 마음으로 정성스레 닦아주었다.

여호와는 나의 힘이요 노래시며 나의 구원이시로다 그는 나의 하나님이시니 내가 그를 찬송할 것이요 내 아버지의 하나님이시니 내가 그를 높이리로다 _출애굽기 15:2

34
우리 엄마

"**사람은** 한번 데어봐야 정신을 차려!"

그동안에는 이 말이 정확히 어떤 의미인지도 모른 채 사용했다. 그런데 어느 날 그 의미를 깨닫게 해준 사건이 일어났다.

예은이가 히가시도야마 유치원에 다닐 때의 일이다. 하루는 청소를 한답시고 줄이 긴 청소기를 끌고 다니다가 실수로 가스레인지에서 펄펄 끓고 있는 냄비를 건드리고 말았다. 펄펄 끓는 물은 내 양 다리 뒤쪽에 쏟아졌고, 나는 순식간에 깊은 화상을 입고 말았다. 당시 집에는 아무도 없었기에 도움을 청할 수도 없었다. 나는 일단 찬물을 다리에 끼얹었다. 하지만 잠시뿐 별로 나아지는 기미가 없었고 오히려 점점 더 쓰리고 아파왔다. 급기야는 걸을 수조차 없게 되어서 그대로 주저앉아 있어야만 했다.

그런데 마침, 예은이가 성은이보다 먼저 집에 돌아왔다. 나는 예은이에게 차근차근 이야기했다.

"예은아, 약국에 가서 엄마 약 좀 사다줄래? 화상 입었을 때 바르는 약이라고 말하면 줄 거야."

"응, 엄마."

아직 너무 어려서 혼자 심부름 보낸 적이 없었는데, 어쩔 수 없는 상황이었기에 예은이에게 심부름을 보냈다. 엄마가 아파하는 걸 보니 예은이도 걱정이 되었는지 얼른 다녀오겠다고 했다. 돌아온 예은이의 손에는 겨우 손가락만 한 조그만 화상 연고가 들려 있었다. 얼마나 크게 다쳤는지 설명도 안 해주고 그냥 화상 약이라고만 말한 내 잘못이었다. 예은이가 사온 화상 연고를 다 발랐지만 겨우 한쪽 다리만 바를 수 있을 뿐이었다. 화기를 빼내기 위해 감자도 갈아 붙여보고 샤워기로 계속 찬물을 뿌려가면서 하루를 견뎠다.

그런데 문제는 동그랗게 부풀어 오른 살을 뜯어낸 데 있었다. 데어본 경험이 없는 나로서는 흉터가 커질까 봐 신 목사에게 떼어달라고 한 건데, 오히려 통증은 더 심해졌고 결국 참을 수 있는 경지를 지나버렸다. 다음 날, 신 목사는 바쁜 스케줄을 다 접어야 했다. 걷지도 못하고 기다시피 하는 나를 데리고 병원에 가야 했기 때문이었다. 부풀어 오른 살을 죄다 뜯어냈다며 의사가 얼마나 야단을 치던지, 결국 나는 목발을 짚어야 했다. 그렇게 아무 데도 못 나가고 3일을 꼼짝없이 누워만 있었다.

타국에서 몸이 아프니까 평소에 잊고 살았던 엄마 생각에 갑자기 눈물이 왈칵 솟았다. 이럴 때 엄마가 옆에 있었으면 좋겠다는 생각이 들었다.

몇 년 전 엄마를 일본으로 초청한 적이 있었다. 엄마를 즐겁게 해드리려고 초청한 것인데 막상 엄마를 보니까 마음이 편해진 것인지, 아니면 긴장이 풀린 탓인지 갑자기 많이 아팠다. 성은이를 돌봐야 한다는 생각에 그때까지 크게 아파본 적이 없는 나였다. 몸이 안 좋다는 생각이 들다가도 아침에 눈만 뜨면 언제 아팠냐는 듯이 다시 초긴장 상태로 돌입해 멀쩡해지는 것이었다. 그래서 '여자는 약해도 엄마는 강하다'라고들 하는 모양이다. 그런데 막상 보고 싶은 엄마가 내 앞에 와 계시니까 내 몸이 아프고 있었다.

'엄마를 오시라고 해놓고 내가 이러면 안 되는데…….'

표현은 못 했지만 너무 속이 상했다.

"이것 좀 먹어봐라. 시금치 넣고 죽 좀 끓여왔어."

내가 맛있는 음식으로 대접해드려야 하는데, 거꾸로 엄마가 딸을 위해 정성껏 죽을 끓여주셨다. 그런데도 정말 밥 생각이 하나도 나질 않았다.

"엄마, 나…… 못 먹겠어."

"그래도 한 숟갈만 먹어봐."

엄마가 끓여주신 죽은 역시나 보약인지, 나는 그 죽을 먹고 겨우 몸을 추스를 수 있었다. 죽도 끓여주시고 우동도 끓여주시고……. 어떻게든 헌신 봉사를 해주신 엄마 덕분에 결국 몸이 빨리 회복될 수 있었다.

화상으로 누워만 있던 그때 갑자기 엄마 생각이 났다. 이럴 때 엄마가 옆에 있었으면 나에게 죽도 끓여주시고 우동도 끓여주셨을 텐데……. 엄마! 불러만 봐도 참 정겹고 따스하고 포근한 이름. 그런데 왜 바쁘고 좋을 땐 생각이 안 나고 꼭 이렇게 아프고 힘들 때만 생각나는지 모르겠다.

'우리 엄마.'

지금은 비록 하늘나라에 가셨지만, 가끔은 막내딸을 위해 헌신 봉사를 아끼지 않았던 따스하고 정겨운 엄마가 너무도 보고 싶다.

얼마 전에도 괜스레 엄마가 보고 싶어서 울고 있었다. 아마도 몸이 아팠거나 힘들었거나 했던 모양이다. 그리고는 책장을 둘러보는데, 그 많은 책 중에서 『엄마 같은 성령』이라는 책이 눈에 확 들어왔다. 하나님은 늘 아버지 같은 줄만 알았는데……. 엄마와 같이 따스하고 정겹고 포근한 성령님이 지금도 엄마처럼 내 곁에서 나와 함께 계시다는 생각이 들면서 너무 감사해졌다.

그날 이후, 나는 그리운 엄마가 보고 싶어도 울지 않는다. 엄마 같은 성령님이 나와 함께 계심을 느끼면, 엄마가 친히 쑤어주신 죽을 먹고 힘을 얻었던 그날처럼 다시 어깨를 펴고 일어날 수 있게 되기 때문이다.

이는 나 여호와 너의 하나님이 네 오른손을 붙들고 네게 이르기를 두려워하지 말라 내가 너를 도우리라 할 것임이니라 _이사야 41:13

35
고마운 빠칭코

성은이는 번쩍거리는 걸 무척 좋아한다. 어릴 때는 더 심했다. 반짝이면서 빙글빙글 돌아가는 프로펠러나 반짝반짝 불이 들어오는 마이크 등의 장난감은 무조건 사달라고 졸라댔다. 일본에서 성은이의 호기심을 자극하는 곳은 빠칭코였다. 일본에서는 어디를 가나 휘황찬란한 간판의 빠칭코를 흔히 볼 수 있다. 사람이 붐비는 길목에는 반드시 빠칭코가 늘어서 있었다. 성은이는 뭐하는 곳인지도 모르면서 자꾸만 안으로 들어가 보려고 했다.

"목사님 딸은 이런 데 들어가는 게 아니야."

성은이를 말리긴 했지만 내가 성은이만 할 때의 기억이 떠올랐다.

네다섯 살 무렵, 난 빠칭코를 해본 적이 있었다. 당시 워커힐 호텔에만 빠칭코가 들어서 있었는데, 무역업을 하던 아버지는 외국인 접대를 위해 종종 그곳을 들르곤 했다. 한번은 가족 모두 워커힐 호텔에 가게 되었다. 그곳에는 볼링장, 승마장, 빠칭코, 게임 룸 등 신기한 것들이 많았다. 지금 보면 아무것도 아니지만 당시에는 흔히 볼 수 없는 것들이었다. 빠칭코 기계에 돈처럼 생긴 주화를 집어넣고 옆에 있는 커다란 봉을 힘껏 잡아당기면 화면에 있는 색색의 그림들이 마구 돌아갔다. 그리고 우연히 같은 그림이 잘 맞아 떨어지면 기계에서 주화가 우르르 쏟아졌다. 어린 내 눈에 그 기계는 그저 신기할 뿐이었다. 너무 어려서 봉까지 키가 닿지 않았던 나를 아버지는 불끈 들어 올려 봉을 잡아내려 보도록 해주셨다. 돈을 잃었는지 땄는지는 기억이 없지만, 어릴 때의 그 경험 덕분에 나도 빠칭코를 해봤다며 큰소리치고 다닐 수 있었다.

도쿄순복음교회 성도 중에는 빠칭코 사장님도 있었다. 신 목사가 우연히 그와 식사를 할 기회가 생겨 이렇게 물었단다.

"빠칭코 기계와 사람이 서로 돈을 따려고 하는데, 결과적으로는 누가 이기나요?"

"절대로 사람이 따는 법은 없어요. 처음엔 사람이 기계를 이기는 것 같지만 확률적으로 볼 때는 기계가 따게 되죠. 그러니까 장사하며 먹고 사는 게 아닙니까?"

그분의 이야기를 들은 후로 신 목사 설교에는 종종 빠칭코 이야기가 등장했다. 결코 사람이 기계를 이길 수 없다는 말을 인용하면서, 돈은 건전하게 벌 때 가장 소중하고 값어치 있으니 공연히 빠칭코 같은 유혹에 빠져 돈 잃지 말고 건전하게 돈을 벌라는 충고였다.

그런데 내게는 오히려 빠칭코에 대해 결코 잊지 못할 고마운 기억이 하나 있다.

성은이가 다니는 학교까지는 내 걸음걸이로 5~10분이 걸린다. 하지만 학교가 히가시도야마 공원 안에 있기에 길을 따라 조금 걸어 올라와야 했고, 건널목을 건너야 했으며, 차와 사람이 함께 다니는 좁은 골목길도 지나와야 했다. 그래야 비로소 우리 아파트 후문이 나왔다. 즉, 성은이 걸음으로는 족히 삼사십 분 정도의 시간이 소요되는 셈이다. 그런데 도쿄에서의 생활이 1년 정도 지날 즈음, 선생님께서 이렇게 말씀하셨다.

"이제 성은이가 혼자 등하교하는 훈련을 할 때인 것 같습니다. 그러니 어머니도 협조해주세요."

선생님 말씀에 의하면, 성은이는 똑똑하니까 이미 집에 가는 길을 모두 익힌 상태며 조금만 훈련하면 얼마든지 혼자 집에 갈 수 있다는 것이었다. 하기야 성은이의 기억력이 워낙 좋아서 선생님이 그렇게 말씀하시는 것도 과언이 아니다 싶었다. 그렇게 성은이 혼자 등하교하는 훈련을 하기로 하고는 6개월 동안 선생님과 함께 훈련에 돌입했다.

"이제부터는 엄마가 학교에 안 오시니까, 너 혼자 집으로 돌아가야 해."

선생님은 이렇게 말씀하시고는 성은이 모르게 뒤따라가면서 잘 가고 있는지를 살폈다. 그리고는 건널목 반대편에서 기다리고 있던 내게 바톤터치를 한 후 학교로 돌아가셨다. 나는 신문지로 얼굴을 가린 채 대기하고 있다가, 성은이가 건널목을 건너면 성은이 뒤에 숨어서 지켜보았다. 성은이가 아파트 문으로 들어가는 걸 확인하고 나면 얼른 반대편 문으로 돌아가 성은이보다 먼저 계단으로 뛰어올라가야 했다. 그리고는 마치 집에서 기다리고 있었던 것처럼 문을 열어주면서 반갑게 맞이했다.

"어머, 우리 성은이가 혼자서도 집을 잘 찾아왔구나."

문제라면 유난히 호기심이 많은 성은이가 절대로 그냥 집에 오는 법이 없다는 게 문제였다. 혼자 숲길을 걸어오면서 예쁜 색의 나뭇잎이 눈에 띄면 줍고, 강아지나 고양이가 있으면 아는 체하고, 비둘기들이 떼 지어 노는 것도 한참 구경했다. 이렇게 온갖 참견을 다 하기 때문에 더욱 오랜 시간이 걸렸다. 이렇게 6개월 이상 같은 훈련을 반복한 결과, 성은이는 나와 선생님이 숨어서 지켜보지 않아도 될 만큼 혼자 집을 잘 찾아왔다.

그런데 하루는 아무리 기다려도 성은이가 오지 않는 것이었다. 보통 3시 10분경에 학교에서 출발했으므로 아무리 늦어도 4시 전에는 벨을 눌렀는데 말이다. 설상가상으로 그때 나는 다리에 화상을 입고 있어서 나갈 상황이 못 되었다.

"선생님, 성은이가 아직도 돌아오지 않았어요."

"이상하네요, 학교에서는 제 시간에 출발했는데……."

순간 가슴이 철렁 내려앉았다. 어릴 때 성은이가 없어졌던 기억이 있긴 했지만 이번에는 심각했다. 조금 있으면 날이 어두워지기 때문이었다. 신 목사와 교회 신도들은 물론, 성은이와 같은 반 친구 엄마들, 심지어 유치원에 다니던 예은이와 같은 반 친구 엄마들까지, 성은이를 알고 있는 모든 사람들에게 성은이를 함께 찾아달라고 부탁했다.

날은 금세 어두워졌다. 학교가 숲에 둘러싸여 있었기 때문에 낮에는 더할 나위 없이 좋지만, 날이 어두워지면 깜깜하고 무서웠다. 일본 어머니들은 혹시 숲 속에서 잠이 들었을지도 모른다며 손전등을 들고 숲속을 헤매기도 했다. 학교 주변의 아파트 단지를 수없이 돌면서 성은이 이름을 불러준 어머니들도 계셨다. 나는 다리 때문에 나갈 수도 없었기에 너무나 답답했다. 더구나 핸드폰이 없던 시절이어서 당시 내가 할 수 있는 일이라고는 전화기 옆에 앉아 기도하는 일뿐이었다.

"하나님, 성은이를 찾게 해주세요. 제발 성은이를 찾게 해주세요."

정말 다급할 때는 미사여구가 필요 없는 게 기도였다. 틀림없이 돌아올 거라고 믿는 게 내가 할 수 있는 전부였다.

"띵동! 띵동!"

손전등을 든 일본 엄마들이 집에 찾아왔다.

"성은이 아직도 연락 없죠? 숲길은 다 찾아봤는데……. 없는 것 같아요."

"……."

"성은이가 꼭 갈 것 같은 데를 한번 떠올려봐요. 엄마의 직감이라는 게 있거든요. 거길 말씀해주시면 그쪽을 찾아볼게요."

엄마의 직감? 성은이가 갈 만한 곳? 근처에는 길이 너무 많아서 어느 쪽으로 갔을지 짐작되지 않았지만, 생각해보니 날이 어두워지고 가장 번화한 곳이 오쿠보 도오리였다. 성은이는 번쩍거리는 걸 좋아했으므로 왠지 그쪽으로 가지 않았을까 하는 생각이 들었다. 오쿠보 도오리는 집과는 반대편 쪽이었다.

"그럼, 오쿠보 도오리 쪽으로 다시 찾아볼게요. 너무 걱정하지 마세요. 성은이 엄마는 꼼짝 말고 전화기 옆에서 기다리세요. 혹시 전화 올지도 모르니까."

어쩔 줄 모르는 나를 안심시키며 동분서주하는 일본 엄마들, 정말 너무나 고마웠다. 하지만 시계는 이미 저녁 8시를 넘기고 있었다.

"따르릉~"

전화벨이 울리자마자 나는 정신없이 수화기를 들었다.

"아까부터 이상한 여자 아이가 우리 가게에 와 있는데……. 가방을 뒤져보니 전화번호가 적혀 있길래 전화드리는 겁니다."

"아, 아, 우리 아이가 맞아요. 너무너무 감사합니다. 지금 곧 갈게요. 거기가 어디죠?"

"오쿠보 도오리 내에 있는 빠칭코 룸입니다."

역시 내 예감이 맞았다. 아이가 길을 잃을 경우 어디로 가야 할지 몰라 하염없이 앞으로만 걸어가 더더욱 찾기가 어렵다던데……. 번쩍이는 걸 좋아하는 성은이가 더 이상 멀리 가지 못하도록 빠칭코 가게가 성은이의 눈과 발을 잡아준 셈이었다. 신 목사가 수차례 오쿠보 도오리를 돌아보았는데도 성은이를 발견하지 못한 것은, 성은이가 빠칭코 가게에 들어가 있었기 때문이었다.

그런데 세상에, 그 와중에 성은이는 빨간 책가방을 어깨에 메고 있었고, 양손에는 체육복이 든 보조가방에 신발주머니까지 들고 있었다. 아무것도 잃어버리지 않고 고스란히 가지고 있던 것이었다. 덕분에 가게 주인이 가방 뒤에 적혀 있는 우리 집 연락처도 알 수 있었다. 나는 성은이에게 화가 나기는커녕, 콧물과 땀으로 엉망이 된 채 씽긋 웃는 성은이가 오히려 예뻐 보였다. 그리고 마치 제 자식 찾듯 적극적으로 나서주던 일본 엄마들에게 깊은 고마움을 느꼈다. 무엇보다도 내 기도에 응답해주신 하나님께 가장 감사했다.

신 목사와 나는 성은이를 데리고 가장 먼저 학교에 갔다. 모든 선생님들이 그때까지 퇴근도 못 하시고 성은이를 기다리고 계셨다. 모두에게 너무도 감사하기만 했다.

"감사합니다, 너무 감사합니다."

휘황찬란하게 번쩍이며 사람들을 유혹하는 빠칭코를 볼 때마다, 당시 성은이의 눈과 발을 잡아준 기억이 나 그저 고맙기만 하다. 하지만 빠칭코는 돈 잃어버리는 나쁜 기계니까 절대 들어가면 안 된다고, 아이러니하게도 이렇게 침 튀겨가며 딸들을 세뇌시키고 있다.

형제들아 지혜에는 아이가 되지 말고 악에는 어린 아이가 되라 지혜에는 장성한 사람이 되라 _고린도전서 14:20

36
까마귀와 비둘기

일본에는 유난히 까마귀가 많다. 우리가 거리에서 쉽게 참새를 볼 수 있는 것처럼, 일본에서는 길을 가다가도 쉽게 까마귀를 찾아볼 수 있다.

까마귀는 한국에서 흉조지만 일본에서는 길조라고 생각해서 결코 잡거나 죽이지 않는다. 일본에서 까마귀는 굉장히 머리가 좋은 새라고 알려져 있다. 실제로 일본 사람들은 까마귀를 절대 건드리지 말라고 신신당부한다. 장난으로라도 까마귀에게 돌을 던져 해를 입히면 까마귀가 그 얼굴을 기억하고는 반드시 복수한다는 것이다.

한 방송 프로그램에서 까마귀를 실험하는 것을 본 적이 있다. 네 개의 그릇에 각기 다른 얼굴을 그려 넣은 뒤 까마귀가 좋아하는 먹이를 한 그릇에만 올려놓았다. 그리고는 계속해서 그릇의 위치를 바꾸었는데, 까마귀는 그 얼굴을 기억하고는 단 한 번의 실수도 없이 정확하게 그릇의 모이를 쪼아 먹었다. 실험 결과, 까마귀가 실제로 사람의 얼굴을 기억한다는 것이 밝혀졌다. 그만큼 까마귀는 머리 좋은 새인 것이다. 언젠가는 까마귀 우는 소리를 오랫동안 유심히 들어본 적이 있는데, 까마귀마다 높이와 음색, 길고 짧음이 모두 달랐다. 즉, 자기들끼리 소리로 의사전달을 할 수 있다는 이야기다.

그런데 까마귀는 왜 그리 온몸이 새까말까? 크나큰 부리마저도 너무 까맣다. 그러니 외모만 보면 예쁘다거나 호감 가는 새가 아닌 것이다. 나는 그런 까마귀를 볼 때마다 왠지 불쌍하다는 생각이 들곤 했다. 하나님은 까마귀에게도 예쁜 옷을 입혀주시지, 왜 온통 새까맣게 만들어놓으셨을까? 그런데 하루는 경악할 만한 사건을 목격하고 까마귀가 불쌍하다는 생각을 완전히 접고 말았다. 그 이후로 불쌍하기는커녕 '너무너무 못된 까마귀'라는 말이 절로 나왔다.

성은이 학교가 있는 히가시도야마 공원은 나무가 울창해서 새들과 동물들의 안식처다. 그곳에 가면 나무가 해를 가려주어 뙤약볕이 강한 더운 여름철에도 언제나 시원한 그늘이 드리워져 있다. 나는 항상 성은이를 데리러 가야 하는 시간보다 서둘러 그곳에 도착했다. 개를 데리고 산책 나온 사람들이나 온갖 새와 나무를 구경하는 것이 하루 일과 중 하나였다.

그날도 여느 때와 같이 벤치에 앉아 시간을 보내며 성은이가 오기를 기다리고 있었는데, 어디선가 까마귀가 하나둘 나타나기 시작했다. 한 까마귀가 특이한 소리로 동료들을 불러 모은 것 같았다. 순식간에 여러 마리의 까마귀가 모여들었다. 자세히 보니 저쪽에 비둘기 한 마리가 따로 떨어져 모이를 쪼아 먹고 있었다. 그러더니 그 많은 까마귀들이 비둘기 근처로 다가가고 있는 것이었다! 까마귀가 죽은 고기만 먹는다고 알고 있던 나는 설마 저 비둘기를 어떻게 하랴 싶어 대수롭지 않게 생각했다. 그런데 갑자기 놀라운 광경이 펼쳐졌다. 열 마리가 넘는 까마귀 떼가 비둘기 주위를 동그랗게 둘러싸더니 순식간에 달려들어 죽여버리고 말았다. 그리고는 그 자리에서 비둘기를 먹기 시작했다. 너무도 황당하고 끔찍한 장면을 목격한 나는 이후 까마귀가 불쌍하기는커녕 무섭기까지 했다. 하나님께서 까마귀를 왜 그렇게 새까맣게 만드셨는지도 알 것 같았다. 까마귀는 무서운 새니까 미리 경계하고 피하라는 의미가 아닐까. 한국의 방송 프로그램 중 〈동물의 왕국〉에서 사자나 호랑이가 작은 짐승을 잡아먹는 건 종종 보았지만, 실제로 까마귀 떼가 달려들어 살아 있는 비둘기를 잡아먹는 건 처음 보았다. 나는 가슴이 떨려서 더 이상 거기 앉아 있을 수 없었다.

성경에 보면 노아가 방주에서 나오기 위해 물이 얼마나 줄어들었는지 알아보려고 새를 선택하는데, 바로 까마귀와 비둘기다. 처음에는 노아가 까마귀를 날려 보내지만 까마귀는 물이 다 빠지지 않아 앉을 곳이 없음에도 노아에게 되돌아오지 않았다. 반면에 비둘기는 앉을 곳이 없는 것을 알고 노아의 방주로 되돌아왔다. 일주일 후 다시 비둘기를 날려 보내니 이번에는 감람나무 잎을 입에 물고 노아에게 되돌아왔다. 성경에서도 노아에게 믿음을 심어준 새는 까마귀가 아닌 비둘기였다. 까마귀의 못된 성품과 비둘기의 착한 성품이 성경에도 그대로 드러나 있는 것이다.

까마귀와 비둘기, 절대 공존할 수 없는 새임에도 내 마음속에는 까마귀의 성품과 비둘기의 성품이 함께 공존하고 있다. 마치 노아가 선택한 까마귀가 방주 밖으로 날아갔듯이, 내가 까마귀를 선택하는 순간 내 마음 속 까마귀들은 세상 밖으로 날아오르고, 그날의 나는 까마귀의 성품을 드러낼 것이다. 반면, 내가 비둘기를 선택하면 내 마음속 비둘기들이 세상 밖으로 날아오르고, 그날의 나는 비둘기의 성품을 드러낼 것이다. 하지만 이토록 잘 알면서도 가끔은 아무도 모르게 마음속 까마귀들을 놓아버리고 싶을 때가 있다. 그래서 바울도 이렇게 말씀하셨나 보다.

> 내가 원하는 바 선은 행하지 아니하고 도리어 원하지 아니하는 바 악을 행하는 도다. 내 속사람으로는 하나님의 법을 즐거워하되, 내 지체 속에서 한 다른 법이 내 마음의 법과 싸워 내 지체 속에 있는 죄의 법으로 나를 사로잡는 것을 보는도다 _로마서 7: 19, 22-23_

내가 까마귀를 선택할수록 내 속에는 시커먼 까마귀들이 많아질 것이고, 내가 비둘기를 선택할수록 내 속에는 새하얀 비둘기가 많아질 것이다. 내가 목격한 대로 까마귀는 얼마든지 비둘기를 잡아먹을 수 있다. 까마귀가 비둘기보다 많아지면 비둘기는 먹힐 수밖에 없다는 말이다. 생각만 해도 끔찍한 일이다. 오늘부터라도 내 마음속의 착한 비둘기들에게 더 열심히 먹이를 주며 정성껏 키워야겠다. 행여 못된 까마귀들에게 잡아먹히지 않도록 말이다.

이렇게 못된 까마귀 고기가 사람 몸에 좋긴 좋은 것일까? 그렇다면 다 잡아먹어야지!

37
언어를 배운다는 것

"**사모님**, 다음 주까지 예은이에게 이 곡 연습 좀 시켜주세요."

도쿄순복음교회 11시 성가대를 담당하고 있는 지휘자 분께서 어느 날 내게 악보 하나를 건네며 이렇게 말씀하셨다. 크리스마스 칸타타 연습을 하고 있는데 어린이 솔로가 필요하다는 것이었다.

> 그 어린 주 예수 눌 자리 없어
> 그 귀하신 몸이 구유에 있네
> 저 하늘에 별들 깜박이는데
> 그 어린 주 예수 꼴 위에 자네
>
> _찬송가 114장

솔로 부분은 그리 길지 않은 데다 악보 그대로 부르면 된다고 하셔서, 나는 큰 어려움이 없을 것 같아 흔쾌히 허락했다.

"예은아, 이리 와서 이 노래 좀 불러봐. 그렇게 어렵지 않을 거야."

그런데 건네준 악보를 본 예은이가 손사래를 치는 것이 아닌가.

"엄마, 나 이거 읽을 줄 모르는데……."

예은이의 말에 나는 경악하지 않을 수 없었다. 노래가 문제가 아니라 한글을 읽을 줄 모른다는 게 문제였기 때문이다.

"아니, 한국말을 이렇게 잘하면서 한글을 못 읽어?"

"응, 엄마가 안 가르쳐줬잖아."

"……."

한국 사람이 모국어를 읽을 줄도 모르고 쓸 줄도 모르면 난 손가락질을 해왔다. 집에서 자식 교육을 어떻게 시켰기에 아이가 모국어도 모를 수 있냐고 말이다. 그런데 알고 보니 손가락질받아 마땅한 부모가 바로 나인 것이었다. 돌이켜보면 그동안 성은이에게 신경 쓰느라 예은이 교육에는 등한시했던 게 사실이었다.

두 딸은 밖에서는 일본어로 말하지만 집에서는 한국말만 했다. 어쩌다 한국에 가더라도 우리말을 너무 잘 구사하는 아이들을 보면서, 외국에서 살아도 이렇게 한국말을 잘한다고 늘 자부심을 가지고 있었다. 그런데 내 딸이 한글을 전혀 못 읽는 까막눈인 줄은 정말 몰랐다. 그러고 보니 아이가 일본 유치원, 일본 학교에 다닌다는 이유로 한자며 일본말만 가르치려고 애써왔다. 한국인인 내 아이에게 한글을 가르친 적이 없으니 나는 그야말로 빵점짜리 엄마였다. 이렇듯 ㄱ, ㄴ도 모르는 아이에게 한글을 익혀 노래 부르도록 하기에는 시간이 부족했다. 나는 하는 수 없이 한국말 밑에 일본어로 토를 달아 연습을 시켰다. 결국 예은이는 한국어도 아니고 일본어도 아닌, 제3의 외국어로 솔로를 하고 말았다.

초등학교에 입학하자 예은이에게 한문 시험과 일본어 받아쓰기 시험이 도사리고 있었다. 그동안 구몬 교실에서 한문과 일본어를 익혀왔으므로 문제없다는 내 예상은 완전히 빗나가고 말았다. 1학년임에도 내가 중학교 때 배웠던 어려운 한자들을 익혀야 했던 것이다. 급기야 시험 하루 전날에 나와 함께 열심히 한문 공부를 했지만 결과는 엉망이었다. 그 이유는 바로 '삐침'에 있었다. 예를 들어 '이룰 성(成)' 자의 경우, 그저 대충 글씨만 알아보게 쓰면 되는 줄 알았지, 획 끝에 갈고리처럼 생긴 삐침이 있는 것과 없는 것, 획끼리 붙여야 하는 것과 떨어뜨려야 하는 것 등의 차이가 그렇게 중요한 줄 몰랐던 것이다. 지금도 나는 여전히 그놈의 삐침이 헷갈린다.

내가 처음 한문을 배웠던 중학교 시절, 삐침을 꼭 그려 넣어야 한다고 배운 기억이 없었다. 마치 미술 공부하듯이 글자 모양만 비슷하게 따라 그릴 뿐이었다. 그저 부수와 획수만 외우고 소리 내어 읽을 줄만 알면 되는 줄 알았다. 그러니 우리 딸이 쓴 '이룰 성'이 맞았는지 틀렸는지 나 자신도 분명하지 않을 수밖에······. 삐침을 정확히 안 썼다는 이유로 시험지에는 빨간 줄이 북북 그어져 있었다. 또한 삐침을 쓰면 안 되는 곳에 멋대로 삐침을 써서 틀린 글자도 있었다. 가르치는 엄마가 모르는데 딸이 무슨 수로 그걸 알겠는가.

"엄마, 이상해. 분명히 엄마가 가르쳐준 대로 썼는데 다 틀렸어."
"······."

그런데 사실 이런 문제가 어찌 한문뿐이겠는가. 내가 일본 사람이 아니니 일본어로 하는 모든 과목은 도무지 자신 있게 가르칠 수가 없었다. 이렇듯 나는 예은이에게 고생고생하면서 일본어와 한자만 가르쳤던 것이다.

한번은 집에 놀러온 초등학교 동창 희주에게 이 같은 고민을 상담했다. 희주는 딸만 둘인데 주재원으로 왔기 때문에 언제 다시 한국에 돌아가게 될지 몰라 모두 동경한국학교에 입학시켰다고 했다. 그때가 크리스마스 시즌이었으니 이미 한 학년이 끝날 즈음이었다.

"그렇게 걱정되면 예은이도 동경한국학교에 입학시키면 되잖아. 한국과 교과서도 똑같고 커리큘럼도 같아서 한국의 초등학교를 이곳에 옮겨 왔다고 생각하면 돼."

그래서 나는 희주에게 1학년 국어 교과서를 보여달라고 했다. 하지만 ㄱ, ㄴ도 아직 모르는 예은이가 따라가기에는 너무 버거워 보였다. 동경한국학교에 입학시키려면 1학년에 재입학하는 것을 감수해야 했다. 하지만 나는 이듬해에 과감하게 동경한국학교에 예은이를 전학시켰다.

'한국말은 일본어보다 훨씬 쉬우니까 금방 따라가겠지.'

하지만 내 예상은 완전히 빗나가고 말았다. 한국어 받아쓰기 시험이 있던 날, 나름대로 열심히 공부를 시켜서 학교에 보냈다. 잔뜩 기대하고 받아쓰기 노트를 펴는 순간, 나는 또 한 번 경악하고 말았다. 한국어 받아쓰기 성적이 엉망진창이었던 것이다.

한글은 초성과 중성과 종성을 조립해서 글자를 만들어내는 기막히게 어려운 글자다. 통으로 외우기만 하면 되는 일본어와는 다른 구조인 셈이었다. 예은이가 공부하기에는 결코 쉬운 게 아니었다. 게다가 '아, 이, 우, 에, 오'뿐인 일본의 모음에 비하면 한글의 모음은 너무 어려워서 일본어에 익숙한 예은이는 모음 구별을 전혀 할 줄 몰랐다.

'어서어서 자라라, 아기 나무야.'

예를 들면 이렇게 쉬운 문제의 경우, 예은이는 이렇게 적었다.

'오소오소 자라라.'

한 나라의 언어를 배운다는 것이 어찌 하루아침에 되는 일이겠는가. 또한 글씨와 모양만 익힌다고 해서 어찌 언어를 습득할 수 있겠는가. 한 나라의 언어 안에는 뿌리박힌 문화와 전통, 그리고 민족성도 다 포함되어 있으니 말이다. 그 나라에 잠시 살고 있다고, 혹은 그 나라 말을 똑같이 흉내 낸다 한들 어찌 그 나라의 언어를 다 배웠다고 말할 수 있겠는가.

문득 당시 우리 교회에 다니던 일본 남자와 국제 결혼을 한국 여성의 말이 떠오른다.

"사모님, 우리 부부는 분명히 말은 다 통하는데, 이상하게 서로 잘 안 통하는 그 무언가가 있어요."

일본에서 잠깐 살았다는 이유 하나로 지금 일본어를 가르치고 있는 나는 일본의 문화와 전통을 제대로 알기나 하고 가르치는 것인지, 사뭇 부끄러울 뿐이다.

38
가슴이 답답할 땐 하늘을 보렴

"**여보,** 바다 보고 싶어……. 우리 바다 보러 갈까?"

가끔 가슴이 답답하다고 느껴질 때, 내가 종종 신 목사에게 하는 말이다. 신 목사도 나만큼이나 바다를 좋아하기 때문에 우리 부부는 시간이 나면 가끔 차를 몰고 바다를 보러 간다. 일산에서 약 한 시간 정도만 차를 몰고 가면 강화나 인천에 갈 수 있기 때문이다.

늘 느끼는 것이지만, 복잡한 도시를 떠나 아무것도 막혀 있지 않는 널따란 바다와 파란 하늘을 바라보고 있노라면 신기하게도 답답하고 막혔던 가슴이 뻥 뚫리는 것 같다. 그곳에 가면 늘 자유로움과 평화로움을 느낀다. 그래서 그리 멀지 않은 곳에 바다가 있다는 것이 너무나 감사하다.

그런데 사실 바다는 멀리 봐야 좋지 가까이에서 보면 그리 좋은 것만도 아니다. 큰 파도가 나를 삼킬 듯이 넘실대고, 가만 있는 사람도 흔들어 재끼는 바람에 어지러워서 멀미를 하니 말이다. 그래서인지는 몰라도 우리 가족은 수영을 참 못한다. 신 목사나 나나 우리 아이들 앞에서 폼나게 수영하는 모습을 한 번도 제대로 보여준 적이 없었다.

반드시 수영을 배우는 일본 아이들과 함께.
맨 앞 가운데 예은이

일본은 온통 바다로 둘러싸여 있는 섬나라다. 그래서인지 일본 아이들은 유치원에 들어가기 전부터 반드시 수영을 배운다. 뿐만 아니라 대부분의 유치원에는 수영장 시설이 갖추어져 있는데, 혹 수영장 시설이 없는 곳은 큰 풀에 물을 가득 담아 아이들이 물놀이를 할 수 있도록 배려해놓았다. 그래서 우리 아이들도 싫든 좋든 수영을 배워야 했다. 초등학교에 입학해서도 체육시간에 당연한 듯 수영을 배웠고, 여름방학 때에도 의무적으로 학교에 수영을 배우러 가야 했다.

예은이는 특히나 물을 무서워했는데, 그래서 수영을 배우는 기간이 다른 아이들보다 훨씬 오래 걸렸다. 물속에 편안히 몸을 맡겨야 하는데, 물이 무서워 몸에 잔뜩 힘을 주고 있으니 몸이 뜨기는커녕 점점 가라앉아 버리는 것이었다.

"예은아, 몸에 힘을 빼고 물에다 몸을 맡겨봐……. 그럼 몸이 물에 둥둥 뜨게 돼."

말은 이렇게 했지만 나나 신 목사나 멋지게 시범을 보여주지 못해 늘 미안했다.

신 목사의 경우 다른 운동은 다 잘하는데 유독 수영만 못한다. 어머님의 반대가 심했기 때문이라고 한다. 바다낚시 하러 배를 타고 나간 아버님이 실종되었다가 3일 만에 극적으로 돌아온 기억이 있기 때문이었다. 그 후로는 행여나 귀한 아들을 잃을까 아예 물 근처에도 못 가게 하시고 수영도 못 배우게 하셨단다.

나는 어머님의 심정이 충분히 이해가 갔다. 나 역시 물이 얼마나 무서운지 경험해보았기 때문이다. 성은이가 아이젠바시 보육원에 다니던 마지막 해였다. 졸업반 아이들 모두가 졸업여행으로 여름 캠프를 간 적이 있었다. 선생님은 성은이가 여러모로 손이 많이 가니 어머니가 함께 가셨으면 좋겠다고 요청을 해왔다. 덕분에 나는 학부모로서는 유일하게 그 졸업 캠프에 따라갔었다.

캠프 일정은 짧지 않았다. 그중에서 아직도 기억에 생생한 잊지 못할 프로그램 하나가 있었는데, 바로 구명조끼를 입고 모터보트를 타는 것이었다. 어찌나 배가 빠르게 물살을 가르며 달리던지, 성은이보다도 오히려 내가 무서워서 혼났다. 수영도 제대로 못하는데 배는 흔들리고……. 이러다 뒤집어지면? 정말이지 너무 겁이 났다. 나는 체면상 무서운 내색도 못한 채 공연히 잘 있는 성은이에게 이렇게 말했다.

"성은아, 괜찮지? 안 무섭지? 금방 끝나니까 조금만 참아."

그때 나는 너무 무서운 나머지 파도는 쳐다보지도 않고 무심히 고개를 들고 하늘만 바라보았다. 빠르게 전진하는 우리 배 때문에 요동치는 물결과는 반대로, 하늘은 유난히 새파랬고 구름은 새하얗게 빛났다. 너무 아름다웠다.

"성은아, 저 하늘 좀 봐. 하얀 구름이랑 파란 하늘 너무 예쁘지? 무서운

파도 보지 말고 하늘만 바라봐. 그럼 하나도 안 무서워."

파도를 보지 않고 하늘만 바라보고 있었더니 신기하게도 그렇게 무섭게 느껴졌던 모터보트가 나름 재밌게 느껴졌다. 성은이도 하늘을 바라보니 하나도 안 무섭다고 말했다. 무섭게 요동치는 물결 위에서 아름다운 하늘을 바라보던 그날을 나는 아직도 잊을 수가 없다. 삶이 힘들고 어려울 때마다 하늘에 계신 하나님을 바라보라는 내 인생의 큰 지표가 되었다.

'그래, 하늘만 보자. 하나님만 바라보자……'

이렇게 생각하면 못 참을 것도, 못 견딜 것도, 못 이길 것도 없었다. 그래서 나는 요즘도 가슴이 답답할 땐 그때의 기억을 더듬으러 차를 몰고 바다로 간다.

여호와는 나의 힘이요 노래시며 나의 구원이시로다 그는 나의 하나님이시니 내가 그를 찬송할 것이요 내 아버지의 하나님이시니 내가 그를 높이리로다 _출애굽기 15:2

39
여전히 나는 한국인

일본에서 생활한 지 여러 해가 지날 때였다. 학부모들과도 친해지다 보니 어느새 내가 점점 일본 사람이 되어가고 있었다. 가끔은 일본어도 곧잘 한다는 말을 듣기도 했다. 반가운 사람을 만나면 방아깨비처럼 연신 인사하는 내 모습을 보고는 이제 일본 여자가 다 되었다고들 말했다. 그도 그럴 것이, 한국말을 할 땐 분명 알토 목소리인데 이상하게 일본말만 하면 다소곳해지면서 하이 소프라노로 바뀌게 되는 것이었다.

하루는 한 일본 엄마가 내게 궁금한 듯 이렇게 물었다.

"성은이 어머니는 꼭 일본 사람 같아요. 만일 한국이랑 일본이랑 스포츠 경기를 하면 어느 나라 응원하세요?"

한번도 생각해보지 않은 질문이었기에 나는 잠시 말문이 막혔다.

'내가 지금 도대체 일본 사람인가, 한국 사람인가? 일본인과 일본을 사랑하겠노라고 결심하고 일본 선교사로 왔으니 일본을 응원한다고 해야 하는 건가? 아님, 그래도 나는 한국인이니 한국을 응원한다고 해야 하는 건가? 아프리카 선교사로 간 슈바이처나 한국으로 선교하러 온 아펜젤러

선교사는 이럴 때 뭐라고 대답했을까?'

　내 머릿속에는 이런 온갖 복잡한 생각들이 스쳐 지나갔다. 그래도 명색이 선교사니까 감히 슈바이처나 아펜젤러를 상기시키면서 이렇게 대답했다.

　"아마 일본을 응원하게 되지 않을까요?"

　내 대답에 일본 엄마는 화색이 만연해지더니 너무나 기뻐했다.

　"성은이 엄마는 그럴 줄 알았어요. 우리나라 선교사로 왔으니까요."

　순간, 망치로 머리를 맞은 듯 지난 기억 하나가 떠올랐다.

　1992년, 그러니까 도쿄로 오기 2년 전의 일이었다. 그해에는 바로셀로나 올림픽이 열리고 있었다. 어느새 올림픽은 막바지에 이르러 있었고, 올림픽의 꽃인 마라톤 경기가 주일 아침에 한참 진행되고 있었다. 그런데 하필 한국의 황영조 선수와 일본 선수 두 사람이 앞서거니 뒤서거니 하며 1, 2등을 다투고 있는 것이 아닌가. 정말 누가 우승할지 한 치 앞을 내다볼 수 없는 박빙의 경기였다. 그런데 일본을 목숨보다 사랑하겠다고 하며 선교사로 온 내가 "황영조! 황영조!"를 외치며 온 집안이 떠나가라 황영조를 응원하고 있었다.

　"하나님, 제발 도와주세요, 네? 우리 황영조 선수 이기게 해주세요."

　그 와중에도 나는 소리 높여 기도하고 있었던 것이다. 못 말리는 나 자신이 너무 우스웠지만, 경기 내내 내 속에서 끓는 한국인의 피를 속일 수는 없었다. 그러다 잘 달리던 일본 선수가 갑자기 물병 주는 곳쯤에서 주저앉더니 신발 끈을 묶기 시작했다. 해설자는 그가 신발 끈이 풀린 것 같다고 했다. 그때를 놓칠 새라 황영조 선수가 쏜살같이 앞으로 튀어 나가더니 절대 따라잡지 못할 만큼 거리를 벌려놓았다. 그 간격을 좁히지 못한 일본 선수는 결국 황영조 선수에게 1등을 내주고 말았다. 아침부터 "황영조! 황영조!"를 외치느라 목이 다 쉬었는데 결국 목 쉰 보람이 있는 셈이었다.

한국의 황영조 선수가 영광의 금메달을 목에 걸었고, 그 큰 스타디움에 애국가가 울려 퍼졌다. 텔레비전을 통해 애국가가 울려 퍼지자 갑자기 가슴이 뜨거워져 나도 모르게 애국가를 따라 불렀다. 오랜만에 애국가를 부르니 가슴 벅찬 눈물이 흘러내렸다. 그런데 막상 교회를 가려 하니 교회에 계신 일본인 성도들을 뵙기가 민망해졌다.

'너, 선교사 맞아?'

게다가 내 속에서는 핀잔의 목소리가 자꾸 들려왔다.

'그래도 다른 나라와 일본 경기가 있을 땐 무슨 일이 있어도 일본을 응원하고 있잖아.'

이런 식으로 나를 달래보았지만 나는 할 말이 없었다.

일본 사람들과 정이 많이 들어서 어떨 땐 정말 그들이 내 친동생 같고 친언니 같은 마음이 든 것은 분명했다. 하지만 그래도 여전히 난 한국인이었고, 내 속에 한국인의 뜨거운 피가 끓고 있음을 부인할 수는 없었다.

그것이 불과 2년 전 오사카에서 있던 일이었는데, 지금은 도쿄의 일본 엄마들에게 일본을 응원하겠노라고 입에 발린 말을 하고 있는 것이었다. 나는 그런 나 자신이 너무 미웠다. 그렇다고 이미 뱉어놓은 말을 주워 담

조용기 목사님과,
일본선교사로
파송받는 신 목사

을 수도 없는 노릇이었다. 나는 다음 올림픽에서 과연 일본을 응원할 수 있으려니? 아무리 생각해도 자신이 없다.

역시 선교사는 아무나 되는 게 아닌 모양이다. 이런 내가 감히 슈바이처나 아펜젤러를 떠올리다니, 제대로 된 선교사가 되려면 역시 난 아직도 멀고 먼 게 분명하다.

40
너 사모 맞긴 맞구나

"**여보세요?** 너, 혜숙이 맞지?"

"누구니?"

"나 희주야. 초등학교 때 같은 반이었던······."

희주는 초등학교 때 단짝 친구다. 우리 둘 다 얼마나 까불면서 학교를 다녔던지 별명이 '까불이'였다. 희주는 나에게 목소리가 어릴 때랑 똑같다며 반가워했다. 웃음소리까지 초등학교 때와 똑같다며 좋아했다.

결혼 소식은 들었고 내 남편 이름도 알고 있었으며, 우리가 일본에 있다는 소식도 들었단다. 자신은 주재원으로 일본에 왔는데, 주재원 가족으로부터 우연히 자신이 다니는 교회의 담임 목사 이름이 '신성남'이라는 말을 들었다는 것이다.

'어? 그 이름은 일본에 선교사로 간 친구 혜숙이 신랑 이름인데, 그럼 혹시?'

설마 하는 기대 속에 어렵게 우리 집 전화번호를 알아내 전화를 한 것이라고 했다. 그야말로 모래사장에서 동전 찾아내듯 타국에서 반가운 친구를 만난 것이었다. 그 친구도 나도 서로 얼마나 좋았는지 모른다. 터놓고 이야기할 친구 한 명 없는 일본 선교지에서 초등학교 동창을 만났다는 사실이 너무나 기쁘고 반가워서 나는 희주에게 당장 우리 집에 놀러 오라고 했다.

오랜만에 초등학생 때로 돌아가 수다를 떨었더니 시간 가는 줄도 몰랐다. 어릴 때 함께 놀던 옛 추억 이야기에 집 안에 둘의 웃음소리가 끊이지 않았다. 우리 나이가 몇인지, 이곳이 일본인지 한국인지, 내가 사모인지 아닌지, 우리는 이야기하는 내내 완전히 잊어버리고 있었다. 한참 그렇게 신나게 떠들다가 아이들이 돌아올 시간이 되자 그제야 정신이 들었다.

"어머, 나 좀 봐. 너무 오래 앉아 있었네."

"가는 길에 동네 슈퍼에 가서 장 좀 봐가지고 가자."

친구아 둘이 장바구니를 들고 동네 슈퍼를 돌고 있는데, 누군가 인사하는 소리가 들렸다.

"사모님, 안녕하세요?"

"아, 집사님. 안녕하세요? 집사님도 장보러 나오셨나 봐요?"

"네, 잠깐 시간이 나서요. 별일 없으시죠? 그럼, 다음 주에 교회에서 뵐게요."

"네, 안녕히 가세요."

교회 집사님과 이렇게 딱 몇 마디 인사하고 헤어진 게 다였는데, 갑자기 옆에 있던 친구가 나를 한참 동안 바라보았다.

"왜 그래, 갑자기?"

"너, 사모…… 맞긴 맞구나."

"응?"

"나랑 얘기할 땐 몰랐는데, 아까는 완전 일본 천황 며느리같이 보이더라."

"……."

천황의 며느리라 하면 텔레비전

도쿄순복음교회 청년선교회
하기수련회 강사로!

앞에서 조용히 입을 가린 채 미소만 짓는 전통적인 일본 여성상을 말하는 것이었다. 그 친구는 그냥 지나가는 말로 별 뜻 없이 한 이야기였지만 나는 친구 말에 적잖은 쇼크를 받았다. 신 목사와의 10여 년의 결혼생활이 나를 그렇게 바꾸어놓은 모양이었다. 하기야, 경험도 없고 아는 것 하나 없는 젊디젊은 20대 엄마가 일본에서 총회장 사모 겸 담임 목사 사모 자리에 있으려니 얼마나 부담스럽고 조심스러웠는지 모른다. 일본에서 10년 이상을 다소곳이 살다 보니 우스운 일이 있어도 손을 가리고 조용히 웃을 뿐, 박장대소하며 웃었던 적은 없는 것 같았다. 늘 맨 뒤에 앉아 뭐든 조용조용 행동해온 것이었다. 행여 앞에 나서거나 하는 일은 생각도 못 해봤으니 천황 며느리처럼 보이는 것도 놀랄 일은 아닌 셈이었다.

한번은 이런 적도 있었다. 어린 두 딸을 위해 어쩔 수 없이 교회학교 교사라는 이름으로 유치부실 뒤에 조용히 앉아 있었는데, 교회학교 선생님들이 이렇게 우스갯소리를 하는 것이었다.

"사모님, 그렇게 너무 아무 말씀을 안 하시면 아예 말하는 걸 잊어버리세요."

　그 친구와 함께했던 몇 시간의 수다가 어쩌면 내게는 오랜만에 가져보는 어색한 시간이었는지도 모른다. 설사 '내숭 떤다'는 말을 듣는다 할지라도 나는 그날 예전의 내 모습을 되찾은 것 같아 너무 기뻤다. 더구나 친구는 그 시간만큼은 나를 사모가 아닌 그저 어릴 적 친구로 바라봐줄 것이 분명했다.

　한국에 돌아온 지 올해로 벌써 13년이 되었다. 그렇다면 지금의 내 모습은 어떠한가. 물론 완전한 오리지널 한국 아줌마다. 일본 천황 며느리 닮았다는 말을 듣던 그때 그 시절이 오늘따라 왠지 그립기만 하다.

모든 일은 그의 뜻의 결정대로 일하시는 이의 계획에 따라 우리가 예정을 입어 그 안에서 기업이 되었으니 _에베소서 1:18

41
유턴의 법칙

예은이가 동경한국학교 1학년일 때의 일이다. 하교시간이 한참 지났는데도 예은이가 집에 도착하지 않고 있었다. 가끔 100엔짜리 동전을 잃어버려 버스비가 없어 집까지 걸어온 경우가 있긴 했지만, 그렇다 해도 이처럼 많이 늦진 않았다. 1시면 수업이 모두 끝나는데 3시가 지나도록 아이가 오지 않으니 불안감이 엄습해왔다.

'무슨 일이 생겼나?'

걱정이 되어 밖에 나가보고 싶었지만 성은이가 벨을 누를 시간이어서 꼼짝없이 집에 있어야만 했다. 어려운 일이 닥쳐도 믿음으로 기도하고 절대 의심하지 말라는 말씀을 들어왔는데, 내 믿음은 도대체 다 어디로 가버렸는지, 시간이 흐를수록 별의별 의심이 다 들기 시작했다. 나는 자꾸만 불안해지는 마음을 견딜 수가 없었다.

'아무 일 없을 거야. 예은이는 똑똑하니까. 조금만 더 기도하면서 기다려보자.'

혹시 그동안 내가 하나님께 뭔가 잘못한 게 있는 건 아닐까 하는 생각이 들었다. 하지만 내가 무언가를 잘못한다 해서 하나님이 벌을 주시는 건 절대 아니다. 그걸 빤히 알면서도 내 힘으로 감당하지 못할 문제가 생길 때마다 회개기도를 하게 된다.

"하나님, 그동안 제가 알고 지은 죄, 모르고 지은 죄, 몽땅 다 회개합니다. 제발 용서해주세요."

나는 간절한 마음으로 젖 먹을 때부터 지금까지 지었던 모든 죄를 떠올리며 회개했다.

회개란 원위치로 '유턴한다'는 뜻이다. 나에게는 '유턴'이라는 단어와 관련된 특별하고 고마운 경험이 있다.

오사카에는 희한하게 일방통행인 도로가 많았다. 그래서 길을 잘못 들어서면 끝도 없이 계속 앞으로 가야만 했다. 되돌아가고 싶어도 어디에서 어떻게 해야 할지 전혀 갈피가 안 잡히는 곳이었다. 때문에 나처럼 길눈이 어두운 '길치'는 모르는 곳에는 절대 가면 안 된다. 되돌아올 길을 찾지 못한 채 몇 시간이고 도로에서 헤매게 되기 때문이다. 반면에 도쿄는 모든 도로가 쌍방통행이다. 따라서 이 길이 아니다 싶으면 얼른 유턴해서 돌아오면 된다. 이러한 경험으로 인해 나는 유턴이라는 단어가 얼마나 고마운 단어인지 누구보다 절실히 깨닫게 되었다.

그런데 혹시나 하면서 잘못된 길로 계속 가면 그만큼 내 목적지와는 멀어졌다. 그런 날에는 유턴하고서도 한참이 지나 집으로 돌아오곤 했다. 그래서 '유턴을 해야 한다고 생각이 들 땐 무조건 빨리 유턴하자'가 내 신조가 되었다.

그러던 어느 날 유턴보다 훨씬 더 좋은 것이 나타났다. 길을 잃어버리지 않도록 미리 길을 안내해주는 내비게이션이었다. 이제는 나 같은 길치들도 길을 잘못 들어설 일이 없는 것이다. 게다가 속도위반에 걸리지 않도록 미리 경고등을 깜박이면서 현재 속도를 알려주기도 한다. 뿐만 아니라 예쁜 아가씨 목소리부터 경상도, 전라도 등 각 지역의 사투리 버전까지 갖춰져 있으니 유머러스하기까지 하다.

한 치 앞도 모르고 살아가는 우리네 인생이라는 것이, 길도 잘 모른 채 정신없이 달려가는 내 모습과 너무나 흡사하다. 이 길이 내 길이 아닌 것 같을 땐 재빨리 유턴을 해야 하는데, 잘못 가는 길인 줄 알면서도 계속 가다가 사고를 당하는 것과 같은 이치다. 이럴 때는 미리 내 갈 길을 안내해주는 내비게이션이 절실히 필요하다. 내 인생의 내비게이션은 말씀이다. 하나님께서는 언제나 말씀을 통해 내가 잘못된 길로 들어서지 않고 올바른 길을 갈 수 있도록 경고를 주신다. 그럼에도 불구하고 나는 하나님 말씀에 순종하지 않을 때가 많다.

예은이가 늦게까지 돌아오지 않은 그날도 나는 회개기도만 열심히 할 뿐이었다. 그 상황에서는 어떻게 해야 할지 도무지 방법을 몰랐기 때문이었다. 그렇게 한참 기도만 하고 있었는데 기다리고 기다리던 벨이 울렸다.

"띵동!"

예은이였다. 그런데 하루 종일 초조해한 나와는 달리 예은이는 태연한 표정이었다.

"어떻게 된 거야? 왜 이렇게 늦었어? 엄마가 너무너무 걱정했잖아."

"버스를 잘못 타서 종점인 신주쿠 역까지 갔다가 돌아오느라고 늦었어."

"74번 안 탔어?"

"74번 타긴 탔는데, '센터'라고 쓰여 있는 버스를 타야 하는데, '누께 벵뗑'이라고 쓰여 있는 버스를 타버렸거든."

예은이 말에 의하면, 얼핏 집 근처인 것 같아서 버스에서 내렸는데 주위를 살펴보고는 우리 집이 아닌 것을 깨닫고 얼른 다시 올라탔다고 했다. 그리고는 운전기사 아저씨께 상황을 말씀드렸더니 자세히 안내해주셨다는 것이다.

"버스가 다시 뺑 돌기 때문에 '산토쿠 슈퍼' 앞에 내릴 수 있단다. 염려 말고 앉아 있거라."

'산토쿠 슈퍼'는 우리 집 정류장 이름이었다. 그런데 지금까지도 신기한 점은, 당시 초등학교 1학년밖에 안 된 예은이가 어떻게 인생의 심오한 법칙인 '유턴의 법칙'을 알았을까 하는 것이다. 그날 예은이가 유턴하는 그 버스에 다시 올라타지 않았더라면 미아가 되어 얼마나 고생을 했을까.

하루 종일 걱정하며 회개 기도한 나보다 훨씬 똑똑한 딸을 주신 하나님께 다시 한 번 감사 기도를 드렸다.

제4장
그리고 사랑

42
그저 평범하게 태어나게 해주셔서 감사하다

아마도 누구나 학창 시절에 싫어하던 과목이 하나쯤 있을 것이다. 나에게는 바로 수학이었다. 그냥 거스름돈 계산이나 할 줄 알면 되지, 왜 그토록 어려운 미적분과 방정식 문제들을 풀어야 하는지 나는 이해할 수 없었다. 이유도 모른 채 머리를 쥐어짜야 했던 기억이 아직도 생생하다.

고등학교 1학년이 끝날 무렵, 나는 이과와 문과를 선택해야 했다. 내가 수학을 싫어하는 줄 몰랐던 엄마는 내가 이과에 가기를 원하셨다. 내가 약사가 되면 좋겠다는 이유에서였다. 나는 내 머리의 한계를 모른 채 엄마 뜻에 따라 이과를 선택했다. 그런데 왜 똑똑하고 공부 잘하는 아이들은 몽땅 다 이과로 몰려왔는지, 아무리 열심히 공부해도 그 아이들을 따라잡을 수가 없었.

그다지 현실적이지 못했던 나는 중요 과목인 수학과 물리를 소홀히 하는 한편, 대학입시와는 상관없는 독일어에 심취했다. 독일어 시간만 되면 눈을 똥그랗게 뜨고 평소에 아무 쓸모없는 단어와 문법을 달달 외우고 다녔다. 나는 내가 확실한 문과생이라는 걸 뒤늦게 깨닫고 급기야 3

학년 때 문과로 옮기게 되었다. 고등학교 2학년을 허송세월하며 보낸 셈이었다.

그런데 누가 내 딸 아니랄까 봐, 예은이 역시 수학이 영 젬병이었다. 예은이는 어릴 때부터 만화 그리는 것을 좋아했는데, 그래서인지 도형과 통계를 배우는 2학기 기하 성적은 그런대로 괜찮았다. 하지만 방정식이나 수식을 배우는 1학기 대수 성적은 엉망진창이었다. 그 점수로는 아무 대학도 갈 수가 없었다. 게다가 일본에서 너무 오래 살아서인지 언어영역도 영 신통치 않았다.

예은이에게는 공부보다 예능 방면이 나을 듯해서 혹시 미술은 어떨까 생각이 들었다. 그래서 미대 교수인 친구에게 선생님을 소개받아 미술을 가르쳐보기도 했다. 그런데 입시 위주의 미술 교육이 만화와 너무도 방식이 달랐기에 또 막혀버렸다. 꾸준히 예은이를 지켜본 결과, 예은이에게는 무에서 유를 창조하는 게 제격이라는 생각이 들었다. 아니나 다를까, 고등학교 1학년이 되자 예은이도 그런 생각이 들었는지 이런 질문을 해왔다.

"엄마! 나, 작곡과 갈까?"

"작곡?"

예은이가 마음 깊숙이 작곡에 대한 꿈을 갖고 있었던 것이다. 아마도 일본에서 맛본 야마하 음악학원 때문이리라는 생각이 들었다. '솔' 음이 안 나오는 피아노가 우리 집에 들어오던 때였다. 나는 예은이에게 정식으로 피아노를 가르쳐야겠다고 생각했다. 피아노 학원이 어디에 있는지 몰랐던 나는 가장 번화한 백화점을 찾아가 아무 직원에게 물었다. 그 직원은 친절하게도 백화점 밖까지 손수 나와 피아노학원이 있는 건물을 안내해주었다. 그렇게 알게 된 곳이 바로 야마하 음악 학원이었다.

내가 알고 있는 한국의 피아노 학원은, 교실마다 한 대씩 피아노가 놓여 있고 선생님이 일대일로 아이들에게 피아노를 가르쳐주는 곳이었다. 반면, 야마하 음악학원은 커다란 교실에 엘렉톤이 여러 대 놓여 있었고, 또래 아이들이 다함께 한 교실에서 엘렉톤을 배웠다. 피아노 치는 것은 물론이고 음계를 익히거나 노래를 부르기도 했고, 엘렉톤을 이용해 다른 악기 소리로 연주해보면서 직접 작곡을 하기도 했다. 뿐만 아니라 선생님은 아이들에게 절대 음감을 심어주려고 노력하셨다. 선생님은 아이들이 절대 음감의 기본음인 '라' 음을 완벽하게 익힐 수 있도록 매주 훈련시키셨다.

"자, '라' 음 한번 내보세요."

뿐만 아니라 계이름으로 노래하도록 함으로써 아이들이 자연스레 계이름을 익힐 수 있도록 했고, 한 곡에 다양한 반주를 만들어오라고 숙제를 내주시기도 했다. 예를 들면, 〈나비야〉 곡의 왼손 반주를 마음대로 만드는 것이었다.

"모두들 〈나비야〉 반주 만들어왔나요? 그럼, 한 사람씩 자신만의 특별한 〈나비야〉를 연주해보세요. 예은 짱의 〈나비야〉, 사토 짱의 〈나비야〉, 유키 짱의 〈나비야〉처럼 말이에요. 그럼, 다양한 〈나비야〉 노래를 들어볼까요?"

예은이에게는 공부보다 예능 방면이 나을 듯했다.
누가 내 딸 아니랄까 봐, 수학에는 영 젬병이었다.
꾸준히 예은이를 지켜본 결과,
무에서 유를 창조하는 게 제격이라는 생각이 들었다.

이런 식으로 아이들은 작곡의 기본을 배웠다. 아마도 그 시절의 추억이 예은이에게 작곡과 진학의 동기가 된 모양이었다. 예은이는 그렇게 작곡과에 입학을 했고, 지금은 어느덧 대학교 3학년이 되었다.

교회에 부흥회 강사로 오셨던 이영훈 목사님께서 하루는 예은이에게 이런 말씀을 해주셨다.

"작곡이란 작곡가가 음을 새롭게 창조해내는 게 아니라, 원래 하나님께서 만들어놓으신, 하늘에 날아다니고 있는 음을 지상으로 가지고 내려오는 거야."

음악이란 진정 하나님이 태초부터 만들어놓으신 천상의 하모니임이 분명하다. 우리는 다만 그것을 이 땅에서 빌려 쓰고 있는 게 아닌가 하는 생각이 들었다. 좋아하는 음악을 들으면 마음이 편해지고 위로가 되는 것도 그 때문이 아닐까.

그 진리를 일찌감치 깨달았는지, 음악의 천재 모차르트는 30분 만에 그 유명한 〈아베 베룸 코루푸스 ave verum corpus〉를 완성했다고 한다. 한번 연필을 잡으면 멈추지 않고 곡을 써나갔기에 그의 악보에는 지우개를 사용한 흔적이 전혀 없었다고 한다. 물론 모차르트니까 그렇지, 평범한 범인들이 30분 만에 곡을 쓰기가 어디 쉬운 일이겠는가.

내일이 곡 마감인데 좀처럼 완성되지 않는다며 밤을 새우는 예은이를 바라보면서, 내 딸이 모차르트 같은 천재가 아닌 평범한 아이로 태어나게 해주신 하나님께 오히려 감사 기도를 올렸다. 나를 향하신 하나님의 심오한 뜻을 깨닫기 위해 하루하루 노력하며 살다 보면, 때에 따라 아주 귀하게 쓰임을 받게 된다. 그럴 때면 분명 모차르트보다 더 큰 기쁨을 맛볼 수 있을 것이다.

   그래도 가끔은, 아주 가끔은 우리 딸도 모차르트처럼 멋진 곡 하나쯤 작곡해주면 참 좋겠다는 생각이 든다.

우리에게 주신 은혜대로 받은 은사가 각각 다르니 혹 예언이면 믿음의 분수대로 _로마서 12:6

43
그날 이후, 별 일 없어도 화장은 하고 다닌다

"다음은 '의로움' 선생님 차례예요. 어머님께 드리는 편지 다 썼으면 읽어보세요."

정신과 병원에서 음악치료사로 일할 때의 일이다. 모든 환자들에게는 이름 외에 또 다른 별칭이 있었다. 자신이 좋아하는 단어(기쁨, 평안, 용기, 자비, 사랑 등)를 선택하게 한 뒤 그것을 이름 대신 부르는 별칭으로 사용한 것이었다. '의로움' 역시 한 환자의 별칭이었다.

"보고 싶은 어머니! 3년 전에 돌아가셨는데도 병원에 입원해 있느라 성묘도 한번 못 간 불효막심한 이 불효자를 용서하시고……."

의로움 환자는 감정을 실은 채 정성스레 편지를 읽어내려갔다.

"돌아가시기는! 네 엄마 지난주에 다녀가셨잖아!"

보조 간호사는 어이없는 표정을 지어 보이며 의로움 환자에게 말했다.

당시 나는 음악치료사로서 일주일에 세 번 정신과 환자들을 만나 음악치료 시간을 가졌다. 가끔은 연세 많은 어르신들, 혹은 장애 아이들과 함께하기도 했다. 정신이 오락가락하는 정신과 환자들이었지만 누구보다도 착했고 음악을 너무나 좋아했다. 때문에 음악을 듣고 노래하며 악기도 연주할 수 있는 이 시간을 손꼽아 기다렸다.

내가 음악치료를 접하게 된 것은 순전히 성은이 반의 엄마들 덕분이었다.

"성은이가 음악을 무척 좋아하던데……. 혹시 목요일 오후에 시간내실 수 있어요? 우리 반 아이들도 음악치료 많이 다니고 있거든요."

장애 아이를 둔 일본 엄마들과 친해진 뒤로 나는 그들로부터 여러 가지 치료 교실을 소개받게 되었다. 예를 들면, 다리 힘이 약한 성은이가 물속에서 걷거나 수영하면 좋을 것 같다며 자기 아이가 다니는 YMCA 수영장을 소개해주기도 했고, 매주 토요일 오후에 열리는 '아소비 카이'에 성은이도 함께 참여하면 좋겠다고 권하기도 했다. '아소비카이'는 매주 토요일에 장애우 친구들과 함께 놀아주며 봉사하는 와세다 대학생들의 동아리였다.

그중에서도 성은이가 가장 좋아한 프로그램은 바로 음악치료였다. 성은이가 특히 음악을 좋아했기 때문이었다. 나와 성은이는 난생 처음 접하는 음악치료에 완전히 빠져들게 되었다. 담당 음악치료사는 연세가 좀 있는 여자 선생님이었는데, 이름이 '마사다'였다. 마사다 선생님은 장애 아이들을 위한 음악치료 동아리인 '도레미 카이'를 인도하시기도 했다. 마사다 선생님은 여러 학교의 장애 아이들 10여 명을 일주일에 한 시간씩 인도하셨다. 뿐만 아니라 피아노를 배우고자 하는 아이들에게 개별 레슨도 해주셨고, 피아노 연주 발표회를 열어 실력을 뽐내는 자리를 만들어주시기도 했다. 나는 그런 마사다 선생님 옆에서 보조교사로 피아노 반주를 도왔고, 어느덧 음악치료사의 꿈을 갖게 된 것이었다. 마사다 선생님의 음악치료 방법은 언제나 나를 감동시켰다.

"자, 오늘은 어떤 놀이부터 시작해볼까요?"

마사다 선생님은 큰 복주머니 안에서 동물 인형을 하나씩 꺼내 보였다.

"누가 왕 짱(강아지)을 해볼까요?"

"저요!"

"누가 네코 짱(고양이)을 하고 싶나요?"

"저요!"

이런 식으로 아이들에게 좋아하는 동물 인형을 선택하게 하고는 피아노 반주에 맞춰 노래를 불러주셨다.

"왕 짱의 울음소리는?"

"멍멍!"

"네코 짱의 울음소리는?"

"야옹!"

노래 중에 자신이 들고 있는 동물이 나오면 울음소리를 흉내 내며 큰 소리로 노래 부르는 놀이였다. 이렇게 노래로 질문과 대답을 주고받으면서 아이들은 자연스레 동물 이름과 발음을 익힐 수 있었다. 뿐만 아니라 대화를 못 나누는 자폐아들에게는 눈을 맞추면서 대화하는 법을 익힐 수 있도록 훈련해주었다. 아이들은 자신이 가진 동물의 울음소리를 신나게 흉내 내면서 너무도 즐거워했다.

그 외에도 엄마와 아이가 서로 마주보며 피아노 반주에 맞춰 공 주고받기, 하늘로 공 던지고 받기, 바닥에 공 굴리기 등 공을 이용한 다양한 놀이를 시도했다. 공놀이를 통해 아이들은 숫자를 익힐 수 있었고 엄마와 재미있게 놀 수도 있었다. 단체로 줄넘기 넘기, 번호대로 훌라후프 넘기, 칙칙폭폭 기차놀이 등 피아노 반주에 맞춰 다양한 놀이를 하다 보면 어떻게 흘러갔는지도 모를 만큼 금방 한 시간이 지나가 버렸다. 그리고는 모두 동그랗게 손을 잡고 파도처럼 앞뒤로 움직이며 춤추다가 작별인사 노래를 부르며 프로그램을 끝냈다. 성은이는 이 음악치료 시간을 가장 좋아했고, 때문에 늘 목요일이 오기만을 손꼽아 기다렸다.

하루는 NHK TV에서 '도레미 회'를 소개하고 싶다며 직접 취재를 하러 나왔다. 커다란 마이크와 갖가지 장비들을 가지고 음악치료 시간을 녹화했는데, 나는 괜스레 카메라가 부담스러워 한쪽 귀퉁이에서 지켜보고 있었다. 그런데 갑자기 옆에 있던 일본 여성이 내게 이렇게 물었다.

"어머니는 어떻게 이 음악치료를 접하게 되셨나요?"

"우리 아이는 음악을 참 좋아해요. 그런데 학교에서 배우는 음악시간은 극히 제한되어 있잖아요. 이곳에서는 친구들과 함께 음악을 듣고 악기도 연주하고, 노래도 하고 춤도 추면서 행복과 기쁨을 얻고 돌아가요. 이 한 시간이 저와 우리 아이에게는 참 유익하고 좋은 시간인 것 같아요."

나는 그저 생각나는 대로 내 생각을 이야기했다. 그로부터 한 달이 흘러 우리 아이들을 녹화해간 그 프로그램이 방영되었다. 나는 혹시나 성은이 얼굴이 나오지 않았을까 잔뜩 기대하면서 텔레비전 앞에 앉았다. 그런데 반장 엄마를 비롯한 일본인 엄마들의 인터뷰는 안 나오고, 놀랍게도 오직 한 사람, 내 인터뷰만 커다랗게 나오는 것이 아닌가!

'맙소사. 오, 하나님. 이게 대체 어찌 된 일입니까?'

음악치료사 자격증을 소지하게 되다

화장기 하나 없는 희한한 내 얼굴이 클로즈업되는 것을 보고 나는 경악을 금치 못했다. 비록 30초 정도의 짧은 인터뷰였지만 나는 성은이 덕분에 일본 NHK TV에 출연하게 된 것이다.

몇 달 뒤, 당시 한세대 음악대학원 원장님이셨던 김성혜 사모님께서 연주 여행차 도쿄에 오셨다. 그리고 함께 식사하는 자리에서 음악치료에 대한 이야기를 나누게 되었다.

"우리 한세대 음악대학원에 음악치료학과를 개설할 거야. 한국에 돌아오면 우리 학교에서 공부하면 되겠네."

그로부터 몇 년 후, 우리는 일본 선교사역을 마치고 한국에 돌아오게 되었고, 조용기 목사님의 생신 축하 모임에 부부 동반으로 참석하게 되었다. 그 자리에서 조 목사님께서는 이런 말씀을 하셨다.

"사모들을 이 자리에 꼭 오라고 한 이유는, 얼마든지 자신이 하고 싶은 것을 하라는 말을 하고 싶어서입니다. 남편 목사 그늘에 가려 있지 말고,

혹시 공부하고 싶은 사모들은 지금이라도 학교에 들어가서 공부하세요. 자신의 꿈을 마음껏 펼치세요."

당시 나는 음악치료 공부에 몹시 목말라 있었는데, 마치 내 마음을 읽기라도 하신 것 같았다. 나는 이것이 바로 기도응답이라고 여기고, 입학원서를 준비해 한세대 음악대학원에 문을 두드렸다. 대학원 원장님께서는 내가 음악치료학과에 입학한 것을 아시고 너무 반가워하시면서, 내가 2년 동안 포기하지 않고 공부할 수 있도록 여러모로 격려해주시며 사기를 북돋아주셨다. 그렇게 나는 2년 동안 음악치료 공부에 빠져들었고, 하나님의 은혜로 논문을 완성하여 음악치료 석사 학위는 물론, 음악치료사 자격증도 소지할 수 있었다.

"자, 음악치료 시간이 돌아왔어요. 모두 일어나 돌아가면서 자기 이름 (별칭)을 넣어 노래해볼까요?"

(기쁨) 나 기뻐하리 나 기뻐하리 나 기뻐하리 항상 기뻐하리라
(사랑) 나 사랑하리 나 사랑하리 나 사랑하리 항상 사랑하리라
(평안) 나 평안하리 나 평안하리 나 평안하리 항상 평안하리라

정신과 환자들과의 음악치료 시간은 그들이 치료받는 시간이 아닌, 내 자신이 정화되는 기쁨의 시간들이었다.

참, 그날 생각지도 못하게 맨 얼굴로 방송에 나간 이후로는 별 일 없어도 늘 화장을 하고 다닌다.

44
세상에서 가장 행복한 아이

성은이가 4학년이었을 때, 어느 날 알림장에 이렇게 적힌 메모지가 들어 있었다.

"어머니, 학예회 연습 때문에 성은이 건반악기 위에 색깔 스티커를 붙여놓았어요. 제가 메모한 대로 집에서도 연습 좀 시켜주세요."

성은이의 멜로디언 건반에는 빨간색, 노란색, 파란색 스티커가 붙어 있었는데, 각각 라, 시 b, 솔에 위치하고 있었다. 메모지에는 '빨간색: 여덟 번 치기, 노란색: 두 번 치기, 빨간색: 두 번 치기, 파란색: 네 번 치기'라고 적혀 있었다. 성은이가 학예 발표회 때 연주할 곡은 비제의 〈카르멘의 서곡〉이었는데, 학교에서는 성은이 수준에 맞게 바꿔 이렇게 연습시키고 있는 것이었다.

'카르멘의 서곡이라……. 이거 결코 쉽지 않은 곡인데.'

일본 교육을 살펴보면 두드러지는 특징이 하나 있다. 무엇을 하든 잘하는 친구 몇몇만이 아닌 전원을 다 참석시키는 것이다. 나는 과연 성은이 반 친구들이 이 어려운 곡을 어떻게 함께 연주할지 궁금해졌다. 와카쿠사 교실은 언제든지 학부모가 원할 때는 수업참관이 가능했기에, 나는 아이들이 연습하는 것을 참관하기로 했다. 역시나, 선생님들은 철저하게 우리 친구들을 분석하고 연구해서 역할을 정해주고 있었다. 한 명 한 명 어떻게 그토록 적합한 악기를 맡겼는지 놀라울 정도였다.

우선, 자폐 성향은 있지만 모든 악기를 기막히게 연주하는 5학년생 히토미 짱에게는 마림바로 멜로디를 연주하도록 했다. 히토미 짱은 천재적인 연주 실력을 갖고 있었는데, 음 하나 틀리지 않고 마림바를 기막히게 연주하며 〈카르멘의 서곡〉의 전체적인 흐름을 이끌고 있었다. 성은이처럼 색깔과 숫자를 인지할 수 있는 친구들에게는 멜로디언 건반 위에 색깔 스티커를 붙여서 색깔과 숫자를 매치시켜 연주하도록 했다. 이 친구들은 가장 쉬우면서도 적합한 화음을 만들어내며 멜로디의 화성을 연주했다.

그리하여 마림바와 멜로디언이 기막히게 조화를 이룬 3화음이 만들어졌다. 그 외에 박자 맞춰 팔을 흔들 수 있는 친구들에게는 트라이앵글이나 손목 방울 같은 작은 타악기를 연주하게 했다. 이 친구들의 경우 팔 힘이 세지 못했는데, 이 악기들은 자그마한 실수가 있더라도 그다지 표가 나지 않아 적합했다. 힘이 세고 파워 있는 남자 친구들에게는 큰북과 작은북을 연주하도록 했다.

확실한 멜로디, 적절한 하모니, 거기에 북과 타악기의 조화까지……. 그 어려운 비제의 〈카르멘의 서곡〉이 거의 완벽에 가깝도록 멋지게 연주되고 있었던 것이다. 무엇보다도 한 명도 빠짐없이 참여하고 있다는 것이 가장 놀라웠다. 연습에 연습을 거듭할수록 친구들의 실력은 더욱 향상되었고, 이 정도면 무대에서 연주하더라도 결코 손색이 없을 것이라는 생각이 들었다. 멋진 곡 하나를 우리 친구들이 스스로 연습해서 완성해 냈다는 사실에 난 감격할 수밖에 없었다.

학예회 날이 되었다. 1학년부터 6학년까지의 전교생은 물론, 학부모님들까지 가득 강당을 메웠다. 그리고 각 반마다 연주 혹은 노래 등을 선보이기 시작했다.

보기만 해도 행복하게 하는 성은이 표정

드디어 성은이가 속한 와카쿠사 교실 친구들이 악기를 들고 등장했다. 우레와 같은 박수가 쏟아졌다. 하지만 그리 큰 기대는 하지 않는 표정들이었다. 장애우 친구들이 연주해봐야 얼마나 하겠는가 하는 표정이었다. 그런데 연주가 시작되자 장내가 금세 조용해졌다. 생각지 못한 우리 친구들의 훌륭한 연주에 모두 숨을 죽인 것이었다. 비록 성은이가 연주 도중에 약간 우는 증상을 보이긴 했지만, 친구들 모두가 기대 이상으로 훌륭한 연주를 해냈다. 연주하는 우리 친구들도, 듣고 있는 학부모들과 교내 학생들도 모두 행복한 표정이었다. 연주가 끝나자 우리 친구들은 학부모들과 선생님들, 그리고 전교생들의 뜨거운 박수갈채를 받으며 무사히 무대에서 내려왔다.

다음 순서는 일반 교실의 어느 3학년 반이었다. 학생들이 모두 리코더 연주를 하기 시작했다. 그런데 갑자기 안타까운 일이 벌어졌다. 중간쯤에 서 있던 한 남자 아이가 돌연 리코더를 집어던지고 무대에서 뛰쳐나간 것이었다. 나는 순간 너무 당황스러워서 어안이 벙벙한 채 쳐다보고만 있었는데, 옆에 있던 엄마들은 예상하던 일이라며 입을 모았다.

"언젠가는 저런 일이 생길 줄 알았어."

알고 보니 그 아이도 약간의 장애가 있는 친구였다. 그런데 그 아이의 어머니는 자신의 아들이 장애 아이들끼리만 공부하는 와카쿠사 교실로 가는 게 무척 자존심이 상했던 모양이었다. 선생님들의 권유에도 불구하고 결국 그 아이는 일반 교실에서 공부하고 있다고 했다. 리코더는 강한 손가락 힘과 유연하고 정교한 손놀림을 필요로 하는 악기다. 그러니 당연히 그 아이에게는 부담일 수밖에 없었다. 자신의 부족한 연주 실력을 여러 사람에게 보여줘야 하는 것 자체가 부끄러웠던 모양이다. 그 광경을 바라보면서, 부족하면 부족한 그대로의 모습을 자신 있게 내보이며, 자신의 위치에서 멋지고 당당하게 연주를 끝낸 우리 와카쿠사 교실 친구들이 너무 멋져 보였다.

그날 리코더를 집어던지며 무대를 뛰쳐나왔던 그 남학생의 행동은, 한국에서의 성은이 학교를 결정짓는 데 큰 역할을 해주었다. 한국에 돌아온 우리는 고민 끝에 성은이를 특수학교에 보냈다. 사실 일반학교에 넣을까 고민이 있었지만, 그 남학생의 행동을 떠올리며 성은이의 행복을 우선하기로 한 것이었다.

그해 봄, 신기하게도 밀알학교라는 특수학교가 일원동에 새롭게 문을 열었다. 일본에서도 철저하게 성은이가 가야 할 학교를 예비하신 하나님……. 우리는 하나님이 예비하신 학교임을 믿고 성은이를 밀알학교에 입학시켰다. 성은이는 그렇게 8년 동안 밀알학교에서 믿음으로 커갔다. 성은이는 거리낌이나 부끄러움 없이 당당하고 즐겁게 학창시절을 보냈다. 현재 어엿한 어른이 된 성은이는 자신에게 장애가 있다는 사실 때문에, 혹은 척추측만증으로 구부정해진 자신의 몸 때문에 결코 부끄러워하거나 열등감을 느끼지 않는다. 성은이는 지금도 여전히 찬양하고 싶을 때마다 예배당 맨 앞으로 나가 하나님께 기쁨으로 몸 찬양을 드린다. 그리고는 너무니 행복해한다. 그런 성은이를 바라보는 우리 교회 성도들 역시 함께 행복을 느끼고 있다.

그리고 보면 남들보다 모습은 좀 달라도, 남들보다 잘하는 것은 없어도, 남들이 가지고 있는 만큼 가지고 있지는 않아도, 매일매일 하나님 안에서 기쁨으로 살아가는 성은이야말로 세상에서 가장 행복한 삶을 살고 있는 것 같다.

45
쟤, 일본 교육 혹독하게 받은 애, 맞아?

"**엄마,** 나 내일부터 학교 안 갈래!"

예은이가 학교에서 돌아오자마자 신발주머니를 집어던지더니 씩씩대며 말했다.

"왜?"

"남자 애들이 날 보고 쪽바리래."

한국에 돌아온 예은이는 집에서 가장 가까운 초등학교에 전학을 가게 되었다. 그런데 전학 간 지 한 달도 안 되어 이런 사태가 벌어진 것이었다. 예은이 말에 의하면, 신발을 갈아 신고 있는데 친구들이 먼저 가버리자 급한 마음에 "조또 맛데(잠깐만 기다려)."라는 일본말이 튀어나왔단다.

"엄마, 한국 남자 애들은 왜 자기가 엎지른 물도 안 치워? 할 수 없이 내가 닦았잖아."

예은이는 자신도 한국 사람이면서 친구들을 마치 일본 사람인 듯 말하고 있었다. 예은이의 경우 갓난아기 때 일본으로 간 데다가 한국에 돌아온 지 채 한 달밖에 안 되었으니, 한국의 모든 것에 아직 적응이 되지 않을 터였다.

딸아이들이 다니던 오사카의 보육원은 맞벌이 부모들을 위해 아침 9시부터 저녁 5시까지 아이들을 돌보아주었다. 그곳에서는 아이가 모든 것을 스스로 해야 했다. 스스로 점심을 먹었고 스스로 간식도 먹었으며, 낮잠 잘 때는 스스로 파자마로 갈아입었다. 심지어는 장난감을 가지고 놀다가 엄마가 오면 스스로 장난감을 정리했다. 나는 그곳 아이들을 보면서 적잖은 충격을 받았다. 옷을 갈아입을 때마다 자신이 입고 있던 옷을 마치 군인이 옷을 개듯 각을 세워 정확하게 사각형으로 접는 것이었다. 벗어놓은 양말도 금세 예쁘게 접어놓았다. 그곳 선생님들은 아이가 깔끔하게 옷 정리를 하지 않으면 파자마로 갈아입을 수 없도록 가르치고 있었다.

그곳에서는 아무 소스도 없는 딱딱한 당근과 껍질도 안 벗긴 과일과 야채들이 간식으로 나왔다. 할머니 손에서 자란 예은이는 딱딱한 음식은커녕 큰 딸기조차도 혼자 먹어본 적이 없었다. 어머님이 죄다 갈거나 으깨서 먹여주셨기 때문이다. 더구나 당시는 젖니도 제대로 안 났을 때였는데, 선생님들은 딱딱한 것을 먹어야 잇몸이 발달한다며 그런 간식들을 내주는 것이었다. 소풍 갈 때도 마찬가지였다. 걸음걸이조차 불안정한 한 살짜리 예은이가 자기 몸보다 더 큰 가방을 메고 혼자 걸어다녔다. 아마 우리 가족끼리 소풍을 갔더라면 모든 짐은 내가 둘러메고는 예은이를 불끈 안고 다녔을 거다. 이처럼 예은이는 오사카에서 고된 훈련을 받으며 보육원에 다녔다. 도쿄에 가서도 비슷한 분위기의 유치원을 1년 더 다녔다. 이토록 고된 훈련을 유아기 전반에 걸쳐 받은 셈이었다.

그 후, 언니가 다니고 있는 히가시도야마 소학교 1학년에 입학하게 되었다. 사실 한국 아이를 또 다시 일본 학교에 입학시키는 것이 부담스럽기도 했다. 하지만 아침마다 언니 손잡고 학교에 갈 수 있다는 장점이 있었고, 히가시도야마 유치원 친구들과 함께 입학하면 소외감을 덜 느낄 것 같다는 생각이 들었다.

하루는 예은이네 학교에서 '신주쿠 교엔'으로 소풍을 갔다. 그런데 운 좋게도 우리 교회의 야유회와 같은 날짜에 같은 장소였다. 교회에서 소풍을 가면 늘 맛있는 음식도 풍성풍성하고 즐거운 프로그램도 많지 않은가. 우리는 집으로 돌아갈 때 예은이와 함께 가면 되겠지 생각하고 있었다.

예은이의 점심시간이 끝날 무렵, 나는 담임 선생님을 찾아갔다. 마침 아이들은 모든 프로그램을 마친 뒤 집에 가기 위해 줄을 서고 있었다.

"선생님! 마침 저희 교회에서도 이곳으로 소풍을 왔거든요. 예은이는 여기서 제가 데려가면 안 될까요?"

선생님은 정색을 하면서 말씀하셨다.

"안 됩니다. 아직 소풍이 다 끝난 게 아니에요. 친구들과 함께 학교까지 걸어가는 것도 소풍의 일부입니다. 단체에서 이탈하는 것은 금하고 있습니다."

한국에서는 감히 상상도 못할 말이었다. 한국에서는 아예 엄마들이 소풍을 따라가기도 하고, 집에 갈 때도 당연히 엄마와 함께 가지 않는가. 결국 우리는 융통성 없는(?) 선생님 덕분에 예은이에게 음식 한 숟갈도 먹이지 못한 채 부랴부랴 집으로 향해야 했다. 그날따라 맛있는 음식 냄새가 왜 그리 코를 찌르던지……. 집으로 돌아가는 내 모습이 그렇게 처량해 보일 수가 없었다.

한번은 예은이 교실이 괜히 궁금해져서 창문으로 슬쩍 들여다본 적이 있었다. 마침 급식시간이었다. 내 눈에는 그저 코흘리개처럼 보이는 1학년 아이들인데, 당번이랍시고 앞치마와 머리 수건을 두르고는 앞에 나와 밥과 국과 반찬을 친구들에게 나누어주고 있었다. 나머지 아이들은 일사분란하게 줄을 선 채 당번 친구들에게 급식을 배식받고 있었다. 물론, 엄마들은 눈을 씻고 찾아봐도 한 명도 없었다. 그 와중에 선생님은 아이들이 먹는 모습을 일일이 체크하고 계셨다. 혹시 밥이나 반찬을 남기지는 않았는지, 버리는 반찬은 없는지 살피는 것이었다. 조금이라도 남기거나 버렸다가는 비로 혼쭐이 났다. 한 톨도 남김없이 다 먹어야 했다. 선생님들은 만일 다 먹을 자신이 없거든 먹기 전에 이렇게 말하라고 가르치고 있었다.

"헤라시데(덜어줘)."

다행히 예은이는 남김없이 깨끗하게 잘 먹고 있었다. 오사카 보육원에서 맛없는 반찬들도 다 먹어야 하는 고된 훈련을 잘 마친 덕분이었다. 그런데 한 아이가 자기 앞에 놓여 있던 야채를 남기고 말았다. 나도 알고 있는 예은이의 유치원 친구였다. 엄마가 싸준 도시락을 먹으며 유치원을 다녔기에 이런 반찬들이 익숙지 않은 것이었다. 소스도 전혀 없는 야채와 토마토를 죽어도 못 먹겠다며 버티고 있었다. 선생님은 그 아이에게 남은 야채를 절반이라도 먹으라고 지시했다. 그 아이는 눈물을 흘리면서 토마토를 입에 넣었다.

어떻게 해서든 음식은 깨끗이 먹어야 한다는 게 일본의 교육이었다. 비단 먹는 것뿐이겠는가.

예은이는 그림 그리는 것을 유난히 좋아했다. 하루 종일 만화를 그리느라 연습장 한 권이 순식간에 만화로 채워지곤 했다. 그 덕분인지 어릴 때는 그림에 소질 있다는 말을 많이 들었다. 그럼에도 불구하고 선생님은 예은이만 칭찬하거나 예은이 그림만 벽에 붙이는 일이 없었다. 아무리 잘 그렸다 해도 절대로 그 아이의 그림만 벽에 붙이지 않았고, 아무리 못 그렸다 해도 절대로 그 아이의 그림만 빼지 않았다. 30여 명의 아이들 그림이 모두 벽에 붙어 있었다. 누구 하나 차별하지 않는 동등하고 철저한 교육을 펼치는 곳이 바로 일본 학교였다.

그렇게 태어나서부터 일본에서 자라 혹독하게 교육받은 예은이인데, 물을 엎지르고도 치우지 않는 짝꿍이 이해가 되었겠는가. 내 불찰로 인해 남에게 피해를 주면 안 된다는 교육을 철저히 받은 예은이였다.

학창 시절, 주로 대학생으로만 구성된 호산나 성가대에서 봉사하고 있을 때였다. 한번은 젊은 청년들로 구성된 일본 남성 합창단이 우리 성가대를 방문했다. 연령층이 비슷해 보이니 함께 교제하면 좋으리라는 생각에 방문한 것 같았다. 그렇게 우리는 함께 식사를 하게 되었는데, 그들의 모습을 보고 우린 놀라지 않을 수 없었다. 음식을 전혀 남기지 않는 것이었다. 음식뿐 아니라 그들 앞에는 휴지 조각 하나도 찾아볼 수 없었다. 일

만만치 않은 일본교육에 익숙한 예은이, 왼쪽에서 두 번째

사분란하게 자기 앞가림을 하면서 우리에게 전혀 피해가 가지 않도록 행동했다. 남학생들이 저리도 깔끔할 수 있을까, 당시 성가대원 모두가 감탄할 정도였다. 내가 직접 일본생활을 한 후에야 그들의 몸에 배인 습관들을 이해할 수 있었다.

대학생이 된 예은이는 이제 배부르다며 밥을 남기고 일어서기도 한다.

"예은아, 왜 한 숟갈 남기니? 싹싹 긁어먹지 않고."

"나 배불러서 죽어도 못 먹겠어, 엄마."

어릴 땐 그렇게 깔끔하더니, 지금 예은이 방은 마치 폭탄 맞은 방 같다.

'쟤, 어릴 때 일본 교육 혹독하게 받은 애, 맞아?'

나는 속에서 비집고 나오는 웃음을 참을 수 없다.

46
오늘도 나는 향수 한 방울을 뿌리고 외출하려고 한다

얼마 전, 나는 그동안 정말 갖고 싶었던 향수 한 병을 선물로 받았다. 사실 향수같이 비싸고 사치스러운 것은 내 돈 주고 사본 기억이 없다.

지난번 기독교 포럼에 참석하기 위해 신 목사와 홍콩을 다녀오면서 비행기 탑승 시간이 너무 많이 남아 면세점 구경을 하고 있었다. 그러던 중 한눈에 들어오는 향수 병이 있었다. 병 모양도 예뻤지만 냄새도 너무나 향긋했다. 그래도 돈 주고 향수 같은 것은 사지 않는다는 내 나름대로의 원칙이 있었기에 병만 만지작대다가 그냥 나오고 말았다. 그런데 귀국해 보니, 홍콩 교회 성도 중 한 분이 내 손에 쥐어준 선물 꾸러미 속에 놀랍게도 내가 만지작거리던 바로 그 향수가 들어 있었다. 마치 내 마음을 읽기라도 한 것처럼 말이다. 고맙기도 하고 신기하기도 해서 그 후로는 중요한 자리가 아니어도 괜히 그 향수를 뿌리고 외출하곤 한다.

신 목사는 유난히 운동을 좋아한다. 요즘은 테니스에 푹 빠져 있다. 남들은 한 시간만 쳐도 지친다고 하는데 신 목사는 한꺼번에 서너 시간씩 치느라 온몸이 땀으로 뒤범벅되어 들어오곤 한다. 운동은 그렇게 몰아서

어릴 때, 서로 껴안고
뽀뽀하는 성은이와 예은이

하는 게 아니라고, 그건 운동이 아니라 노동이라고 아무리 말려도 막무가내다. 그런 날 신 목사 옆에 가면 땀 냄새가 코를 찌른다. 누구나 조금만 씻지 않으면 머리부터 발끝까지 냄새가 나기 마련이다. 그런데 요즘 사람들은 냄새로 사람을 판단하는 경우가 많은 게 문제다. 조금만 이상한 냄새가 나도 상대를 아래위로 쳐다본다.

실제로 오사카는 유난히 길거리에 거지가 많았다. 특히 교회 주변에는 개를 끌고 다니면서 박스를 주워 팔거나 노상에서 잠을 자는 거지 아저씨들이 유난히 많았다. 얼마나 오사카에 거지 아저씨들이 많은가 하면, 아예 거지 아저씨들에게만 삼각김밥을 먹이며 선교를 하는 교회도 있을 정도였다. 그런데 하루는 그 거지 아저씨들이 예배를 드리러 우리 교회에 들어온 것이었다. 교회에서 예배를 드리면 점심을 먹을 수 있다고 누군가 전도를 해서 온 모양이었다.

그런데 문제가 생겼다. 예배가 시작되자 아저씨들이 앉아 있는 주변이 휑하니 비어버린 것이었다. 알고 보니 그분들에게 나는 냄새가 너무 고약해서 성도들이 도저히 그 주변에 앉을 수 없던 것이었다. 예배가 끝난 후 우리 집사님들 몇 분이 그분들을 목욕탕에 모시고 갔다. 그렇게 목욕을 시켜드리고 머리도 빗겨드리고, 향수도 뿌려드리고, 그거로도 부족해

신 목사가 입던 양복도 입혀드렸다. 그랬더니 신기하게도 근사하고 멋진 아저씨들로 돌변했다. 게다가 한 분은 공부도 많이 하고 글씨도 너무 잘 쓰는 잘생긴 유식한 아저씨였다. 그분에게 왜 거지가 되었냐고 묻자, 거지는 일을 안 해도 나라에서 돈이 나오니까 그냥 거지팔자가 좋아서 거지가 되었다고 했다. 이렇듯 냄새나는 거지 아저씨가 목욕하고 향수까지 뿌리니 멀쩡한 아저씨로 돌변한 것을 나는 직접 본 경험이 있다.

그런데 아무리 좋은 향수를 많이 뿌린다 해도 절대 감출 수 없는 게 있으니, 바로 사람의 나이다. 그래서 나이가 들수록 혹시나 하는 생각에 더 많은 향수를 뿌리게 되는 것인지도 모르겠다. 하지만 향수로 나이를 속일 수는 없다. 나 역시 요즘에는 왠지 나이 들었다는 생각에 젊은 사람들과 함께 있으면 죄 지은 사람처럼 괜히 주눅이 들기도 하고 미안해지기까지 한다.

요즘 봉사하고 있는 합창단에서는 내 나이가 다섯 손가락 안에 들어간다. 그래서인지 식당에 가도 물이 안 좋다는 말을 들을까 봐 자꾸만 구석자리를 선호하게 된다.

그런데 이런 나도 예전에는 나이가 너무 어려 곤란했던 적이 있었다. 신 목사가 30대였던 시절, 직위는 총회장인데 나이는 최연소였기 때문이다. 가족 동반 총회 수련회라도 갈라치면 우리 아이들이 너무 어려 얼마나 송구스러웠는지 모른다.

"제발 나이야 빨리 먹어라, 빨리 먹어라."

이렇게 진심으로 바란 적도 많았다. 하지만 세월이 어찌나 빠른지, 이제는 우리 교회 사모들 중 내 나이가 제일 많아 왕 사모라고 불린다. 요즘은 왠지 거울보기가 꺼려진다.

하지만 알고 보면 나이가 든다는 것은 지혜의 연륜이 늘어나는 것과 같다. 지혜의 연륜이란, 젊은이들이 결코 따라갈 수 없는 삶의 경륜 같은 것이다. 그러니 나이 들어간다는 것이 그리 슬퍼할 일만도 아닌 것 같다. 실제로 일본에 살 당시 젊고 경험 없는 20대였던 나는 어머님의 삶의 지혜를 보고 놀란 적이 한두 번이 아니었다. 물이 잘 빠지는 수저통이 없어서 하나 사야지 생각하고 있었는데, 어느새 어머님은 페트병을 수저통으로 바꾸어놓으셨다. 페트병의 주둥이 부분을 예쁘게 가위로 자르고 밑은 바늘로 구멍을 숭숭 뚫어 고무줄로 단단히 묶으신 것이었다. 이 얼마나 멋진 수저통인가. 아직도 그때의 그 수저통이 눈에 어른거린다. 그때 왜 나에게는 그런 지혜가 나오지 않았을까? 당시 나는 꼭 돈을 주고 사야만 한다고 생각했었다. 어머님의 지혜는 수저통에서 끝나지 않았다. 무언가 필요하다 싶으면 어머님은 벌써 재활용품을 이용하여 멋지게 만들어놓곤 하셨다.

경험이 없었던 나는 무슨 일을 결정할 때도 어머님 덕을 많이 봤다. 특히, 아이를 키울 때나 목회를 할 때에는 어머님의 한 마디가 큰 힘이 되었다.

학창 시절, 우리 집에는 조카들이 함께 살고 있었다. 한번은 조카들 중 한 명이 목에 사탕이 걸려 하마터면 죽을 뻔한 적이 있었는데, 그때 친정 엄마가 조카를 살리셨다. 조카의 발을 잡고 거꾸로 들어 올려 등을 세게 두드리니 목에 걸린 사탕이 빠져나온 것이었다. 뿐만 아니라 목에 가시가 걸렸을 때도, 팔이 빠졌을 때도 우리의 어머님들은 당황하지 않으시고 바로 응급처치를 해주셨다. 나이 드신 어르신은 절대 무시할 수 없음을 그때 나는 터득할 수 있었다. 그러니 나이가 들어간다는 것이 결코 서글픈 일만은 아닌 것이다.

당시 어머님은 따로 향수를 뿌리신 적도 없는데 온몸에서 향기가 나는 듯했다. 마치 향기 나는 꽃에 벌과 나비가 모여들듯이, 늘 기도하시던 어머님 주위에는 언제나 사람들이 북적였다. 어머님의 삶은 틀림없이 향기 나는 삶이었다. 그런 어머님의 삶을 닮고 싶지만 나는 아직 손톱만큼도 어머님의 지혜를 따라갈 수 없다.

지난 5월 8일에는 어버이 날이라며 성은이가 학교에서 직접 만든 카네이션을 가슴에 달아주었다. 둘째 예은이는 비싼 돈을 주고 카네이션 바구니를 사왔다. 5월 15일 스승의 날에는 우리 교회 성도들이 신 목사와 나를 예배당 앞에 세우더니 믿음의 아버지, 어머니이자 스승이라면서 마음을 모아 꽃바구니와 꽃다발을 안겨주었다. 나에게는 사실 별로 향기가 나지 않는데, 그럴 때마다 성도들 앞에 나서기가 늘 부끄럽다.

그때, 갑자기 하늘나라에 계신 두 어머님이 생각났다. 내게 이런 꽃다발을 선물하는 것은, 소천하신 두 어머님의 삶을 본받아 앞으로 이 꽃들처럼 향기나는 삶을 살라는 의미일 것이라는 생각이 들었다. 과연 나는 언제쯤이나 어머님처럼 저절로 향기가 나려나 모르겠다. 그럴 자신이 없는 난 오늘도 어김없이 홍콩에서 선물 받은 비싼 향수 한 방울을 몸에 뿌리고 외출을 하려 한다.

47
아빠 눈 속에 내가 들어 있어요

"내 안에 너 있어!"

이는 한때 시청률 최고를 기록한 어느 드라마에서 유행했던 대사다. 그런데 그 말보다 더 감동적인 말은 이게 아닐까?

"내 눈 속에 네가 있어."

얼마 전에 잘 아는 분의 아드님 결혼식장에 다녀왔는데, 주례 선생님은 이례적으로 신랑 신부에게 아주 구체적인 질문을 하셨다.

"신랑은 신부가 젊을 때나 늙을 때나, 반찬을 잘할 때나 못할 때나, 예뻐 보일 때나 안 예뻐 보일 때나, 기분이 좋을 때나 화가 잔뜩 나 있을 때나, 집에 있을 때나 엄청 늦게 들어올 때나, 사랑이 좀 식었다고 느껴질 때나, 항상 사랑하고 항상 함께할 것을 약속합니까?"

"또한 신부는 신랑이 젊을 때나 늙을 때나, 돈을 잘 벌 때나 돈벌이가 시원치 않을 때나, 집에 일찍 올 때나 엄청 늦게 올 때나 혹 못 들어올 때나, 집안일을 잘 도와줄 때나 별로 안 도와줄 때나, 잘 씻을 때나 잘 씻지 않을 때나, 별로 사랑하고 싶지 않을 만큼 미울 때나, 그럴 때도 항상 사랑하고 항상 함께할 것을 약속합니까?"

신랑도 신부도 모두 씩씩하게 "예!"라고 대답했다. 예상치 못한 주례 선생님의 질문에 식장은 웃음바다가 되었다. 내가 결혼할 때에도 주례를 서주신 조용기 목사님께서 이렇게 질문하신 기억이 난다.

"신랑 신부는 슬플 때나 기쁠 때나 아플 때나 건강할 때나 사이가 좋을 때나 나쁠 때나 항상 사랑하고 항상 함께할 것을 약속합니까?"

우리 부부도 "예!"라고 똑같이 씩씩하게 대답했었다.

일본에 살 때, 신 목사는 해외 집회가 너무 잦아서 일주일 중 절반 이상을 집을 비우기 일쑤였다. 일본 내에서도 지방 교회의 모든 행사에 참석해야 하는 상황이었다. 가방에는 온통 빨랫감뿐, 피곤에 지친 몸을 이끌고 주말에 집으로 돌아오곤 했다.

신혼이나 다름없었던 우리가 자주 떨어져 있어야 하는 것이 나는 서운했다. 당시 나는 겨우 20대 후반의 어린 나이였다. 내 남편이 남편이기 이전에 목사고, 목사는 하나님께 드려진 사람이란 걸 순종하며 깨닫기가 쉽지 않았다. 하루는 너무 속이 상해서 기도를 드렸는데, 하나님께서 아브라함의 마음을 깨닫게 하셨다. 하나님께서 이삭을 바치라고 말씀하실 때, 그 아브라함의 아픔이 고스란히 내 가슴 속에 전해졌다.

'목사는 내 남편이기 이전에 이삭처럼 하나님께 드려진 사람이구나.'

그리고는 나 역시 아브라함이 이삭을 바쳤듯이 신 목사를 그렇게 바치겠노라고, 아브라함의 심정으로 고백하면서 눈물로 남편을 하나님께 드렸다. 그런데 신기하게도 그 고백을 하고 난 후부터 감사와 기쁨이 가득 넘치고, 그전만큼 서운하다는 생각이 들지 않았다. 몸이 떨어져 있더라도 '내 남편은 하나님께 드려진 사람이지'라고 생각할 때 비로소 시공간을 초월해 하나가 될 수 있음을 깨닫게 하시는 것 같았다. 생각해보면 떨어져 있던 그 시간들이 우리 부부를 더욱 사랑으로 돈독하게 이어주었다. 만나도 또 만나고 싶고 봐도 또 보고 싶은, 늘 신혼부부와 같은 감정이 들게끔 해주셨기 때문이다.

1997년 여름, 조용기 목사님께서는 9년 만에 우리 부부를 한국으로 부르셨다. 솔직히 말해 장애가 있는 성은이의 장래를 생각하면 장애인 제도가 잘 갖춰져 있는 일본에서 교육받게 하고 싶은 마음도 있었다. 그런데 부부가, 또한 가족이 함께하지 못한다는 것에 대해 신 목사가 극구 반대했다.

"가족은 떨어져 있는 게 아니야. 언제 어디서나 함께하는 게 가족이지! 성은이 교육도 중요하지만, 난 가족들과 떨어져 살고 싶지 않으니까 함께 한국으로 돌아가야 해!"

나 역시 남편과 떨어져서 살고 싶지 않았다. 단호한 신 목사 말에 바로 순종하기로 결심하고 짐을 쌌다.

그런데 우리 가족이 한국에 들어온 바로 그해에 한국은 IMF의 어려움을 맞게 되었다. 엔화 가치가 갑자기 하늘을 찌를듯 오르기 시작했다. 만일 신 목사의 말에 반대하고 성은이의 교육을 위한다며 일본에 남았더라면, 그래서 한국에서 일본으로 돈을 송금해야 할 형편이었다면 어땠을까. 생각만 해도 끔찍한 일이었다.

10년이면 강산이 변한다는데, 한국에 9년 만에 돌아온 터라 나는 한국의 장애 아동 교육에 대해 전혀 아는 바가 없었다. 그러나 곧 우리가 돌아오던 그해에 남서울은혜교회 홍정길 목사님께서 큰 꿈을 품고 장애인 학교인 밀알학교를 세우셨다는 것을 알게 되었다. 오사카에서도 도쿄에서도 성은이가 가야 할 학교를 미리 예비하셨듯이, 하나님은 한국에서도 그렇게 멋지게 기독교 학교를 예비해놓으셨던 것이다. 그리고 그해 10월, 성은이는 밀알학교에 입학하게 되었다.

아빠 신 목사와 함께 달리는 예은이

밀알학교에서 만난 김용한 교감 선생님과의 인연도 각별했다. 일본인 의사 선생님인 이이누마 선생님께 성은이가 한국으로 돌아가게 되었다고 하자, 명함을 한 장 주시며 찾아가라고 하셨는데 그분이 바로 김용한 선생님이었다. 당시 한국선진학교에 재직 중이셨는데 이상하게 연락이 잘 닿지 않았다. 게다가 경기도 안산에 있는 한국선진학교는 교회와 집과는 너무 멀었기에 가까운 밀알학교에 입학시켰다. 그런데 몇 년이 지난 후, 신기하게도 김용한 선생님께서 밀알학교 교감 선생님으로 오신 것이었다. 한국의 장애 아이들을 위해 끊임없이 애쓰시는 선생님을 알게 하시고 만나게 하신 하나님의 인도하심에 다시금 감사드리지 않을 수 없었다. 하나님께서는 '가족은 함께하는 것'이라는 말에 순종한 대가로 이렇듯 아름다운 것들을 우리 가족에게 선물로 주셨다.

며칠 전 아빠랑 성은이가 서로 빤히 얼굴을 쳐다보면서 이런 대화를 나누는 것을 보았다.

"성은아, 아빠 눈 속에 누가 들어 있나 잘 봐. 누가 있니?"

"어? 아빠 눈 속에 성은이가 들어 있어요!"

아빠 눈 속에 성은이가 들어 있다니, 나는 성은이의 그 말에 적잖은 감동을 받았다. 아빠와 딸이 그렇게 서로의 눈을 쳐다보고 있는 모습이 무척 행복해 보였다. 그 후로 우리 가족은 서로의 눈 속에 정말로 내가 들어 있는지 확인하려고 눈을 바라보는 시간이 많아졌다.

주례 선생님의 말씀대로 가족이란, 마음뿐 아니라 해맑은 눈동자 안에도 항상 들어 있어야 하는, 즉 몸과 마음이 함께해야 하는 사람들이다. 혹 어쩔 수 없이 몸이 떨어져 있더라도 항상 내 눈 속에 들어 있는 사람, 그래서 늘 보고 싶은 얼굴, 늘 만나고 싶은 얼굴이 바로 내 남편, 내 아내, 내 자식, 내 부모가 되어야 하지 않을까.

아마 오늘도 성은이는 아빠의 눈을 빤히 쳐다보면서 신기해할 것이다.

"어? 아빠 눈 속에 또 내가 들어 있어요!"

48
감정이 살아 있다는 것

"어머니, 5월 7일 금요일 11시까지 꼭 복지관에 와주세요."

며칠 전, 성은이가 다니고 있는 성모자애복지관 선생님께 전화가 왔다.

"그날은 아무리 바쁜 일이 있으셔도 꼭 참석하셔야 해요. 어머님들을 위해 우리 친구들이 직접 밥과 국과 반찬을 만들고, 어머님께 밥상을 차려드릴 거거든요. 참, 오실 땐 잊지 말고 꼭 손수건을 지참해주세요."

선생님께서는 행여나 내가 스케줄이 바빠 참석을 못 할까 봐 노심초사하시며, 꼭 오라고 몇 번이나 강조하셨다.

'성은이가 밥을 차려준다고?'

나는 모든 스케줄을 뒤로 한 채 시간 맞춰 세곡동의 성모자애복지관에 도착했다. 도착해보니 테이블 위에는 식욕이 돋을 만큼 예쁜 색깔의 테이블보가 깔려 있었고, 우리 친구들의 이름이 한 명씩 적혀 있었다. 나는 '신성은'이라고 적힌 자리를 어렵지 않게 찾아가 앉았다. 그동안 우리 친구들이 얼마나 요리를 열심히 준비했는지를 보여주는 사진들이 동영상으로 나오고 있었다. '행복한 밥상'이라고 이름 지어진 오늘 하루를 위해, 우리 친구들은 놀랍게도 6개월 전부터 열심히 준비를 한 것이었다. 반찬 그림을 올바른 위치에 올려놓는 훈련을 시작으로, 우리 친구들이 열심히 재료를 준비하고, 썰고, 볶고, 다듬고 있는 사진들이었다. 사진 속의 옷을 보니 아마도 추운 겨울인 것 같았다.

두터운 잠바를 입고는 도마 위의 어묵을 써는 친구, 양파 껍질을 벗기는 친구, 계란을 풀어 섞는 친구, 계란말이에 넣을 재료를 다지는 친구, 콩나물을 다듬는 친구, 쌀을 씻는 친구 등 다양한 우리 친구들의 모습이 이어졌다. 그 사진만으로도 이미 큰 감동이 밀려왔다. 그리고는 화면에 다음과 같은 글이 나타났다.

"어머니, 지금까지는 저희들이 어머니가 해주신 밥만 먹었어요. 어버이날을 맞이하여 오늘 하루는 저희가 어머니를 위해 손수 밥상을 준비했어요. 오늘만큼은 저희 손으로 만든 밥을 맛있게 드셔주셨으면 해요. 오늘날까지 이렇게 건강하게 저희를 키워주셔서 감사해요. 어머니, 사랑해요."

그리고는 한 명 한 명의 사진과 이름이 올라왔고 하트 모양의 그림이 둥둥 날아다녔다. 그 동영상만으로도 이미 감동의 물결에 휩싸여 어머니들은 모두 말을 잃고 말았다.

드디어 우리 친구들이 차례대로 앞으로 나와 어머니들 앞에 섰다. 그리고 다함께 〈어버이 노래〉를 불러주었다. 그때의 그 감동은 아직도 잊을 수가 없다. 그제야 선생님께서 왜 손수건을 가지고 오라고 하셨는지 알 것 같았다. 누가 먼저랄 것도 없이 우리 어머니들의 눈시울이 점점 뜨거워지더니, 급기야 따스한 눈물이 볼을 타고 흘러내렸다.

드디어 식사시간이 되었고, 친구들이 한 명씩 반찬을 나르기 시작했다. 어묵볶음, 계란말이, 콩나물 무침이었다. 그리 쉬운 반찬들이 아닌데, 친구들이 어떻게 만들었는지 그저 놀랍기만 했다. 그릇에 예쁘게 담긴 반찬들을 보며 나는 입을 다물지 못했다.

"어머니, 드세요."

성은이는 이렇게 말하며 밥과 국을 내 앞에 놓아주었다. 밥과 국을 한 입 입에 넣었는데 정말이지 너무나 맛있었다. 간도 너무 잘 맞았다. 우리 장애우 친구들이 만들었다고는 믿어지지 않을 만큼 훌륭한 솜씨였다. 정말 밥 한 톨, 국 한 모금 남기지 않고 깨끗이 비울 수밖에 없었다. 처음으로 성은이가 엄마에게 따뜻하고 맛있는 밥상을 차려준 그날을 나는 잊지 못할 것이다. 그리고 가장 행복한 날로 영원히 기억될 것이다.

멋진 프로그램을 계획하고 가르쳐주신, 너무 수고하신 복지관 선생님들과 수녀님께 진심으로 감사를 드린다. 이런 어버이날이 1년에 몇 차례 더 있었으면 좋겠다.

* * *

위의 글은 작년 어버이날에 성은이가 차려준 '행복한 밥상'을 보고 감격해서 쓴 글이다. 성은이는 현재 밀알학교를 졸업하고 성분도복지관 3년 과정을 거쳐 지금은 성모자애복지관에 다니고 있다.

'행복한 밥상'을 차려준다며 복지관에 꼭 와달라는 선생님의 전화를 받았을 때, 나는 감격스러우면서도 걱정이 되었다.

'그나저나 이번에도 또 앞에 나가서 울면 어쩌지?'

성은이는 무대 체질이었다. 어릴 때부터 잠재되어 있는 끼를 억누르지 못하고 그저 기회만 있으면 일단 앞으로 나가려고 했다. 그 무대가 어떤 무대이건 상관없었다. 마치 자신을 위해 준비해놓은 무대인 양 자꾸만 앞으로 나가고 싶어했다. 한번은 성분도복지관에 다닐 때, 선생님께서 가수와 함께 찍은 성은이의 기념사진을 보내주신 적도 있었다. 성분도복지관에는 유난히 가수나 연예인들이 자주 찾아와 공연을 해주곤 했는데, 그날은 유명 가수가 초청된 특별한 날이었다. 그 가수가 무대에서 노래를 하고 있는데, 갑자기 성은이가 무대로 나와 노래에 맞춰 춤을 췄다는 것이었다.

이렇게 어디든 앞으로 나가려 하는 것까지는 좋았다. 그런데 문제는 많은 학부모님들 앞에 서서 그동안 연습해 온 노래를 부르거나 연극을 해야 하는 발표회에 일어났다. 성은이는 복받치는 감정을 억누르지 못해서 꼭 울어버리고 마는 것이었다. 사진 찍어주려고 서 있는 나와 눈이 마주치면 울음은 절정에 달했다. 오죽하면 지금까지 발표회 때 찍은 사진 중 밝은 표정으로 환하게 웃으면서 찍은 사진이 한 장도 없을까. 늘 울고 있는 사진뿐이다.

그런데 더 큰 문제는 성은이가 울어버

우리 성은이는 무대체질!

리는 바람에 기껏 열심히 준비한 발표가 모두 엉망이 되어버린다는 사실이었다. 때문에 이런 성은이를 잘 아시는 선생님들은 "성은아, 이번엔 제발 울지 마, 울면 안 돼. 알았지?" 라는 말을 연습 때마다 하시곤 했다. 그래서 발표회 날만 되면 난 몸 둘 바를 모르고 발을 동동 구를 뿐이다.

아니나 다를까. 행복한 밥상을 차려주던 그날도 성은이는 굵은 눈물을 뚝뚝 떨어뜨렸다. 친구들과 함께 〈어머니 은혜〉를 부르면서 감정이 복받친 것이었다. 다행히 그날은 성은이의 울음이 방해가 되기보다는 오히려 분위기를 한껏 끌어올리는 역할을 했다. 나쁜 아니라 다른 어머님들도 감사와 감격의 감정이 복받쳐 손수건을 꺼내 들고 눈물을 훔치고 계셨다. 어버이날뿐 아니라 졸업식 날에도 성은이가 울어주는 바람에 온통 눈물바다를 이룬 적도 있었다. 사람들은 성은이가 우는 바람에 졸업식 분위기가 한껏 고조되었다며 고맙다고까지 했다.

그런데 사실 성은이는 우는 것 이상으로 웃기도 무척 잘 웃는다. 내가 볼 땐 별로 웃기는 일도 아닌데 혼자 깔깔거리고 소리 내 웃을 때가 많다. 심지어는 너무 웃어서 눈물을 흘리기도 한다. 우리 교회에서는 철야예배가 끝난 후 약 20초 동안 다 같이 큰 소리로 웃는 시간을 가진다. 웃는 것이 몸에 좋다면서 억지로라도 웃자며 신 목사가 고안해낸 방법이다. 그때도 성은이 웃음소리가 가장 크다.

뿐만 아니다. 울거나 웃기도 잘하지만 불쌍한 사람을 보면 그냥 지나치지 못하고 꼭 도와주어야 직성이 풀리는 성격이다. 우리 동네 지하철 역 앞에는 순대와 떡볶이를 파는 포장마차가 여럿 있다. 젊은 아주머니가 파는 포장마차, 할머니가 파는 포장마차, 젊은 아저씨가 파는 포장마차 등이 있는데, 성은이는 꼭 할머니가 파는 포장마차에 가서 사 먹자고 한다. 그러면서 거스름돈을 받지 말자고 이야기한다. 그래서 거스름돈을 안 받으려고 하면, 할머니는 성은이를 보고 측은하다며 "많이 먹어, 더 먹어." 하시면서 오히려 순대를 더 얹어주시기도 하고 금액을 깎아주시기도 하신다. 할머니는 성은이를 보고 불쌍하다고 혀를 차시는데, 성은이 눈에는 그 할머니가 더 불쌍해 보이는 모양이었다.

신 목사가 설교할 때 종종 하는 말이 있다.

"죽은 사람들이 묻혀 있는 묘지에 가면 덥다고 소리를 지르는 사람도, 슬프다고 우는 사람도 없습니다. 그저 잠잠할 뿐입니다. 슬픈 일에 저절로 눈물이 나거나 기쁜 일에 큰 소리로 웃을 수 있다는 것은 아직 내가 건강하고 살아있다는 증거입니다."

죽은 자와 산 자의 차이는 바로 감정이 살았는가 죽었는가의 차이라는 이야기다. 그렇다면 건강한 사람과 아픈 사람의 차이는 무엇일까. 이 또한 감정에 달려 있는 것 아닐까.

가만히 생각해보면 나도 어릴 때는 성은이처럼 잘 울기도 하고 잘 웃기도 했던 것 같다. 굴러가는 나뭇잎만 봐도 웃음을 참지 못한다며 핀잔을 들었을 때도 많았다. 그런데 어른이 되고나서는 웃고 싶어도 큰 소리로 웃으면 안 되는 자리가 많아졌고, 울고 싶어도 마음 놓고 울 수 없어서 억지로 참는 경우도 많아졌다.

영국 옥스퍼드 대학의 연구 결과에 의하면, 가장 오래 살 수 있는 비결

이 바로 웃음이라고 한다. 3~4세의 어린 나이에는 하루에 400~500번을 웃다가, 성인이 되면 고작 10~15번으로 줄어든다고 한다. 스트레스와 힘겨운 생활에 시달려 웃음을 잃고 살다가 결국 쓸쓸하게 죽어간다

동물을 좋아하는 성은이, 사슴과 함께

는 것이다. 문제는 이러한 메마른 감정이 하나님 앞에서도 똑같이 나타난다는 것이다. 하나님 앞에서만큼은 누가 보든 말든 마음껏 울 수 있어야 하지 않을까.

눈물은 진실을 이야기한다고들 한다. 하나님 앞에 나와 마음 놓고 울 수 있는 사람이 진정 건강한 신앙인임이 분명하다. 그런 사람은 이미 하나님의 마음을 충분히 감동시키고 있을 것이다.

가끔은 언제든지 울고 싶으면 엉엉 울고 웃고 싶으면 깔깔 웃는 솔직한 성은이가 부럽기도 하다. 사회적인 지위나 교회에서의 위치 때문에 울고 싶어도 울지 못하고 웃고 싶어도 웃지 못하는 요즘의 나를 보면, 도대체 누가 장애인이고 누가 비장애인인지 헷갈리기까지 한다.

49
있을 때 잘해

"**있을 때** 잘해."

한동안 이 말이 사람들 입에 오르내리며 인기를 끌었다. 곁에 없을 때 후회하지 말고 지금 옆에 있을 때 잘하라는 말인데, 들으면 들을수록 어쩜 이리도 이치에 합당한지 모르겠다.

그런데 소중한 사람이 옆에 있을 땐 전혀 와 닿지 않다가, 꼭 없을 때 생각나는 건 왜일까. 남편은 벌써 지난여름에만도 수차례 집을 비웠다.

예전에 조용기 목사님께서 일본에 오셨을 때의 일을 이야기할까 한다. 조용기 목사님은 호텔에서 조식을 먹다가 문득 그동안 사용해온 Paul(바울)이란 이름을 David(다윗)로 바꾸시기로 결심하셨다고 했다. 마침 그날 식사 자리에 동석하고 있었던 신 목사에게 조용기 목사님은 이렇게 말씀하셨다.

"난 이제부터 '바울 조'가 아니라 '다윗 조'로 바꿀 것인데, 신 목사 자네가 바울이란 이름을 가지겠는가?"

신 목사는 정색을 하면서 이렇게 이야기했다.

"저는 비행기를 너무 많이 타서 솔직히 이젠 그만 타고 싶습니다. 이름을 바울로 바꾸면 앞으로도 더 비행기 탈 일이 많아질 것 같아서 그 이름을 별로 선호하지 않습니다."

하지만 이름을 바울로 바꾸지 않았음에도 불구하고, 신혼 초부터 여태껏 신 목사는 마치 사도바울처럼 매년 선교 여행을 다니고 있다.

우리 부부는 올해로 벌써 결혼 25주년을 맞았다. 결혼 25주년은 은혼식이라 하여, 50주년인 금혼식에 버금가는 소중한 해라고들 한다. 그동안 워낙 떨어져 있는 시간들이 많아서인지, 함께한 세월이 25년이 흘렀다는 게 도무지 믿기지가 않는다. 앞으로 또 25년이라는 세월을 함께 산다고 해도, 그 역시 그리 긴 시간일 것 같진 않다. 실제로 부부가 함께할 수 있는 시간은 그리 길지 않다는 것을 깨달았기 때문이다.

25주년인 만큼 아이들도 벌써 많이 자랐다. 이제 예은이도 대학교 3학년이니, 예은이와 알콩달콩 함께할 수 있는 시간이 그리 많을 것 같지는 않다. 성은이는 지금 성모자애복지관에서 운영하는 엠마우스라는 기숙사에 다니고 있다. 늦게 일어나느라 결석할 때도 많지만, 대개는 월요일에 복지관에 가면 내내 기숙사에서 머물다가 금요일이나 되어야 집에 돌아온다.

그렇게 따지고 보면 우리 가족 모두가 함께 있는 시간은 일주일에 고작 몇 시간밖에 되지 않는다. 그럼에도 불구하고 내 가족이 정말 소중하다고 생각하기가 쉽지 않은 게 사실이다.

특히 가까이 있을수록 소중함을 느끼지 못하는 게 우리 인간인 것 같

찬양하는 우리 부부, 오사카순복음교회 송구영신 예배

다. 공기가 그렇고, 물이 그렇고, 햇빛이 그렇다. 소중한 것이 없어져 봐야 비로소 소중한 것을 알게 되는 것과 같은 이치다. 나는 참 귀한 진리를 신혼 때 미리 터득해버린 것 같아 오히려 감사하다. 남편이 해외 집회로 늘 바쁘다 보니, 서로가 정말 귀하고 소중한 사람이라는 걸 일찍 깨닫게 되었기 때문이다.

"벌써부터 당신이 보고 싶네. 당신도 나 보고 싶어도 조금만 참아. 곧 갈게. 사랑해."

이런 문자는 너무 여러 번 받아서 식상해질만 한데 신기하게도 또 보고 또 봐도 질리지 않는다. 그래서인지 신 목사는 해외에 갈 때면 언제나 잊지 않고 이렇게 문자를 보내준다. 오늘도 어김없이 내 핸드폰에는 이 문자가 들어 있다.

사람은 사랑을 먹고 사는 동물이라고 한다. 일본인 의사 '오시마 기요시'는, 아무리 고령자라도 사랑을 느낄 때면 뇌 세포가 활성화되며 새롭게 살아나게 된다고 이야기한 바 있다.

"있을 때 잘해."

지금 내 옆에 있는 소중한 가족들에게 이 말을 실천에 옮길 수 있도록 노력해야겠다.

●●● 에필로그

하나님이 하셨어요!

『하나님이 하셨어요』라는 제목의 간증문을 쓴 정경주 사모님의 책을 접하고 깊은 감명을 받은 적이 있었다. 그분은 매사에 모든 일을 하나님이 하셨노라고 말씀하고 있었다.

나 역시 책을 다 쓰고 나니 같은 고백을 하지 않을 수가 없다.

이 모든 것은 하나님이 하셨다.

이미 20여 년이 훌쩍 지나 기억 속에 가물가물 사라져버린 일들……. 기도할 때마다 그 일들이 마치 어제 일처럼 기억나게 해주신 분도 하나님이셨다.

성은이보다 훨씬 심한 장애를 가진 친구들을 기쁨으로 키워낸 훌륭한 어머님들이 이 땅에는 수없이 많다. 그 사실을 누구보다 잘 알고 있기에, 글을 쓰는 내내 그저 부끄럽고 자신이 없었다. 지금이라도 그만둘까 수없이 고민했다.

하지만 그때마다 펜을 놓지 않게 하시고 여기까지 오도록 말씀을 통해 힘을 실어주신 분도 하나님이셨다. 글의 소재가 빈곤하여 떠오르지 않을 때에도 기도를 통해 친히 가르쳐주신 분도 하나님이셨다.

나를 나 되게 하신 분도, 성은이를 성은이 되게 하신 분도, 우리 가정을 이곳까지 이끌어주신 분도 다 하나님이셨다.

에필로그

책을 내는 마지막 순간까지 난 자신이 없었다. 그래서 하나님께 다시 물었다.

하나님은 이 말씀으로 거듭 힘을 주셨다.

이는 그가 모든 지혜와 총명을 우리에게 넘치게 하사 그 뜻의 비밀을 우리에게 알리신 것이요 그의 기뻐하심을 따라 그리스도 안에서 때가 찬 경륜을 위하여 예정하신 것이니 모든 일을 그의 뜻의 결정대로 일하시는 이의 계획을 따라 우리가 예정을 입어 그 안에서 기업이 되었으니 _에베소서 1: 8-11

그래서 이 책을 내는 것이 하나님이 예정하신, 기뻐하시는 일이라는 결론을 내렸다.

나는 턱없이 부족하지만 지혜와 총명을 넘치게 주시겠다고 약속하신 말씀을 믿고 신뢰했다. 그래서 순종하기로 했다.

그러므로 난 분명히 고백할 수 있다.

"이 모든 것을 하나님이 하셨습니다."

오직 하나님께만 이 모든 영광을 올려드린다.

혼자 설 수 없다면

ⓒ한혜숙

초판 1쇄 인쇄 | 2010년 12월 27일
초판 1쇄 발행 | 2010년 12월 31일

지은이 | 한혜숙
발행인 | 김동영
펴낸이 | 강영란

편　집 | 민현선
디자인 | 김상중, 노영현
제　작 | 시명국, 구본성
마케팅 | 조광진, 안재임, 박현경, 최금순

펴낸곳 | 강같은평화
주　소 | 128-840 서울시 마포구 동교동 165-1 미래프라자빌딩 11층
전　화 | 편집부(직통)070-4010-2035, 총무부(02)325-6047~8
팩　스 | 주문(02)2648-1311(총무부)

발행처 | 이지북
출판등록 | 2000년 11월 9일

ISBN 978-89-5624-352-8(03040)

강같은평화는 이지북의 기독출판 브랜드입니다.

* 책값은 뒤표지에 있습니다.
* 잘못 만들어진 책은 바꿔 드립니다.